KB206499

1세기 교회,
가정예배

1세기 교회, 가정예배

초판 1쇄 발행 | 2023년 1월 27일
초판 2쇄 발행 | 2024년 5월 14일

지은이 | 권창규

펴낸이 | 김윤정
펴낸곳 | 하온
출판등록 | 2021년 1월 26일(제2021-000050호)
주소 | 서울시 종로구 삼봉로 81, 442호
전화 | 02-739-8950
팩스 | 02-739-8951
메일 | ondopubl@naver.com
인스타그램 | @ondopubl

© 2023, 권창규
ISBN 979-11-92005-22-5 (03230)

초대교회가 지켰던 가정예배의 13단계 순서와 실제

1세기 교회, 가정예배

권창규 지음

하온

추천의 글

"1세기 교회와 가정은 틀림없이 이랬을 거야!"

고등학교 2학년 아들을 둔 엄마가 아들에게 말했다. "네가 담배를 피우기 시작했다는 말을 이웃 사람들에게서 듣고 싶지는 않구나. 솔직하게 언제든지 담배를 피우기 시작하면 엄마에게 말하렴."

아들이 웃으며 대답했다. "걱정 마세요. 엄마, 제가 담배를 끊은 지 벌써 일 년이나 됐는걸요. 그것 때문이라면 걱정하실 필요가 전혀 없어요."

이럴 때 '웃프다'고 한다. 부모는 자녀들의 삶에서 너무 멀리 떨어져 있다. 코로나가 준 선물이 있다면 부모에게 시간을 가져다준 일이었다. "가정에 머물러라." 그럴 수밖에 없었다. 집 밖을 못 나가게 되면서 비로소 보이는 것들이 있었다. 내 '가족'이었다. '이제 부모의 시간이 왔다'는 깨달음이었다. 모든 시간을 돈벌이에 쏟아붓고 학원과 과외, 학교에 맡겼던 자녀들을 직접 돌보라는 것이다.

이를 한마디로 요약하면 이렇다.

"신앙 교육의 1번지는 부모다."

이 진실을 제대로 확인할 기회를 얻었다. 권창규 목사의 《1세기 교회, 가정예배》가 바로 그것이다. 보내준 원고만을 보고 그러는 게 아니다. 이번엔 권 목사의 교육 현장을 찾아 특강을 하면서 여실히 보고 보았다. "1세기 교회와 가정은 틀림없이 이랬을 거야…" 명장면이었다. 지금까지 주일학교에 절망하던 내가 거기서 희망을 보았다. 부모와 자녀 그리고 교회가 삼각편대로 비행하고 있었다. 더 높이, 더 푸르게 나는 꿈을 꾸었다.

나는 결론지었다. 우리네 밥상머리 교육이 언제나 '같은 소리'를 한다고 푸념하곤 하는데, 틀린 말이다. '같은 소리'는 '갓 튼 소리' 아닌가? '(새싹이) 이제 막 트는 (생명의) 소리' 말이다. 매일 반복해서 듣는 소리가 곧 생명의 소리다. 밥상머리에서 들리는 소리에 생명이 담겨 있다. 복음이 그렇다. 이 귀한 책이 한국교회와 가정에 배달된 하나님의 택배임을 알게 되리라.

송길원 목사 가정사역자, 하이패밀리 대표, 동서대학교 석좌교수

말씀 전수를 위한 최상의 길

권 교수의 1세기 교회 관련 두 번째 책을 추천하게 되어 매우 기쁩니다. 예수님을 메시아로 믿는 유대인인 나에게 이 책은 특별하게 다가옵니다.

한국 교회는 세계적인 선교 국가입니다. 유대인 교회가 세계선교에 크게 이바지하지 못하고 있다는 점에서 한국 교회를 많이 배워야 합니다. 그런 한국 교회가 다음세대를 잃어가고 있다는 소식은 큰 슬픔입니다. 하지만 1세기 교회의 후예인 유대인 교회들은 다음세대를 잃어버리지 않고 있습니다. 그리고 그 중심에는 가정과 가정예배가 있습니다.

본서는 1세기 초대교회의 뿌리를 확인하게 하고 유대인과 이방인이 하나 되어 마지막 때 말씀 전수와 세계선교 사명을 감당하게 하는 데 크게 기여할 것입니다. 모든 믿음의 가정에 필독서가 되기를 바라며 기쁘게 추천합니다.

게리 G. 코헨 총장 코헨신학대학교 설립총장, 주경신학 최고권위자

한국 교회의 신앙 전수에 새 장을 여는 책

나는 평생 전 세계를 다니며 원어와 히브리 사고를 바탕으로 한 1세기 교회 교육과 목회를 가르쳤다. 교회가 결코 놓쳐서는 안 될 중요한 사명이 세계선교와 말씀 전수이기 때문이다. 이러한 면에서 한국 교회는 세계선교의 사명은 잘 감당해왔지만, 가정을 중심으로 한 말씀 전수에는 실패했다고 볼 수 있다. 이는 1세기 초대교회 원리를 버림으로써 초래된 결과로, 앞으로 세계선교 또한 말씀 전수 없이는 한계에 직면하게 될 것은 불 보듯 뻔한 일이다.

이러한 시점에서 권창규 목사의 《1세기 교회, 가정예배》는 큰 의미가 있다. 1세기 초대교회 신앙 전수 중심에는 가정예배가 있으며, 가정을 중심으로 말씀 전수가 바탕이 되어 세계선교가 이루어졌다. 이는 1세기 교회를 연구해보면 쉽게 발견할 수 있는 진리이다. 이러한 진리가 이 책에 명쾌하게 정리되어 있다. 저자는 하나님께서 아브라함에게 주신 가정예배의 진액과 1세기 교회까지 이어진 원리를 탐구했고, 이를 현대 교회의 가정에 접목하고 실천할 수 있는 적용 매뉴얼도 펼쳐 보였다.

권창규 목사는 히브리적 사고에 입각한 성경 연구와 설교, 목회와 교수 사역에 탁월성을 겸비했을 뿐 아니라, 이를 교육에 접목하여 기독교 교육의 새로운 장을 열어 가고 있다. 14년 동안 사제지간으로 동행해오면서 그의 인격과 학문적 탁월함, 사역을 경영하는 남다른 능력을 지켜보며, 그를 통해 후일 각 분야에서 위대한 인물이 배출될 것을 확신해왔다. 그의 일취월장하는 모습에 스승으로서 감탄을 금할 수 없다. 지난 수십 년간 한국 교회 가정예배 부흥 사역이라는 실천을 통해 1,500여 가정에 변화를 이끌었다는 소식이 이를 입증하고 있다. 한국 차세대 지도자 양성의 개척자로서, 앞으로 한국 교회와 세계 교회에 새로운 반향을 일으킬 것이다.

이 책을 통해 믿음의 가정과 한국 교회 가정예배에 새로운 장이 열리고, 다음 세대가 주께로 돌아오는 역사가 있길 기도한다. 한국과 세계의 모든 믿음의 가정에 이 책을 필독서로 추천한다.

강신권 총장 코헨신학대학교

가정예배, 성서적인 원안(原案)을 보이다

본 책은 가정예배가 시대적 대안과 일시적 요청이 아닌 성서적인 원안原案이었음을 잘 설명하면서, 초대교회 첫걸음부터 세대 간 신앙 전수와 기독교인의 정체성 및 삶에 가정예배가 얼마나 강력한 영향을 끼쳐왔는지를 다양한 문헌과 설명으로 친절히 소개하고 있습니다.

코로나 팬데믹의 위기 가운데서도, 세대 간 신앙 전수의 새로운 역사를 소망하는 교회와 가정에 《1세기 교회, 가정예배》는 든든한 안내서가 될 것입니다.

신형섭 교수 장로회신학대학교 기독교교육과

차례

1부

성경 신학적 배경 1: 절기와 안식일

2부

성경 신학적 배경 2: 가정

3부

1세기 가정예배의 실제

프롤로그

필자는 2003년부터 가정예배를 드리기 시작했다. 당시에는 미국 홈스쿨링 트렌드의 영향을 받아 미국식 가정예배를 드렸다. 홈스쿨링을 하면서 가정예배는 당연한 것으로 여겨 매주 지켜왔으나, 계속 부담이 되고 어떻게 해야 할지 갈피를 잡지 못한 채 겨우 명맥만 유지하고 있었다. 다양한 방법을 시도하기도 했다. 찬양, 암송, 드라마, 큐티 나눔, 전통적인 교회 예배 스타일 등으로 가정예배를 시도했는데, 초창기에는 아이들이 어렸기에 찬양 또는 드라마로만 예배를 드리거나 두세 가지를 섞어 해보기도 했다. 계속 관심을 두고 연구해보았지만 실제로 적용해보면 여러 걸림돌이 있었고, 그러면 지속하는 것이 쉽지 않았다.

가정이 중요하고 자녀를 진리로 교육해야 한다는 사실은 성경 구절들을 통해 충분히 인식했지만, 구체적으로 어떻게 해야 할지 몰랐다. 성경이 말하는 교육에 대해 알게 되면서 구약 이스라엘과 신약 초대교회 당시에는 교육과 가정예배가 어

1세기 교회, 가정예배

떤 식으로 진행됐을까 궁금해지기 시작했다. 이러한 의문들에 대한 해답을 성경 말씀 속에서 찾기 위해 유대인 교육 및 가정 등 관련 자료를 연구하던 중 유대 가정, 학교, 회당 등을 방문하고 유대인 교육에 관해 공부할 기회가 있었다. 유대인 가정 방문은 예수님을 믿지 않던 정통파 유대인들에게 막연한 적개심이 있던 필자에게 새로운 경험이었다. 그 후 가정예배에 깨달음을 적용하면서, 왜 기독교인이 이스라엘을 공부해야 하는지 질문하며 연구하기 시작했다.

1세기 예루살렘 초대교회의 기독교 교육은 가정을 중심으로 학교 및 교회와 다양한 방식으로 연결되어 있었다. 그리고 여기서 중심을 이루는 것이 가정예배이다. 물론 가정예배만 중요하다고 할 수는 없지만, 가정예배 안에 다양한 요소가 자리하고 있다는 점에서 매우 중요한 부분임은 분명하다. 가정예배는 초대교회 교육의 중심인 가정, 학교, 교회 교육과 다 함께 연결되어 있으므로 중요하다. 그러므로 가정예배 하나로

모든 것이 해결되는 듯 과신해서도 안 되지만 가볍게 여겨서
도 안 된다.

초기에 홈스쿨링을 하면서 드렸던 미국식 가정예배도 필
자의 가정에 유익했다. 그 후 예루살렘 초대교회식으로 가정
예배에 변화를 주면서 그 정신에 따라 순서와 방식을 지속했
고, 풍성한 열매를 맺었다. 큰딸은 여섯 살부터 가정예배를 함
께했고, 그동안 세 딸과 함께 행복하게 이 시간을 보내며 그
결실 또한 계속 거두는 중이다. 매일 말씀을 묵상하고 연구하
는 삶이 이제는 자녀들에게 습관으로 자리했다. 아이들이 가
정예배를 즐겁게 준비하고 말씀 토론 시간에 적극 참여하는
것을 보면서, 이것이 억지로 하는 것이 아닌 행복하고 즐거운
시간임을 알 수 있다. 가족 간 대화와 따뜻한 나눔, 말씀을 함
께 토론하는 토요일 저녁은 행복을 넘어 황홀감을 준다.
　수천 년 동안 내려온 가정예배 순서는 신·구약 성경의

세계로 우리를 이끌었다. 가정예배 순서를 통해 창세기, 출애 굽기, 복음서로 시간 여행을 할 수 있었다. 가정예배는 목사 가 아닌 아버지로서 자녀들과 함께 말씀을 나누며 신앙과 삶 이 자라고 성장하도록 해주었다. 가정예배를 통해 필자는 "진 리가 너희를 자유롭게 하리라"는 말씀을 경험했다. 진리를 알 때 자유뿐 아니라 풍요로운 삶도 누리게 되는 것을 알 수 있었 다. 성경과 신학 그리고 신구약 역사 속에서 얻은 진리는 복음 과 함께 삶의 모든 영역에 답한다. 교육, 가정, 목회, 정치, 경 제, 사회, 문화 등 모든 영역에서 하나님과 그분의 말씀, 복음 이 답이다. 그리고 각 영역은 구체적이고 실제적인 지혜와 통 찰력으로 가득 차 있다. 이것이 기독교가 물려받은 유산임을 알았다. 추상적이거나 관념적인 이해는 심각한 문제를 일으킨 다. 신구약 성경에 기초한 예루살렘 초대교회의 교육을 연구 하다 보니 교육뿐 아니라 성경과 삶의 전 영역에 대한 히브리 적 관점을 갖게 되었다. 성경의 진리는 자유와 온전함을 준다.

그렇다면 아브라함의 믿음이 예수님 이후에도 어떻게 계속 전수될 수 있었을까? 그들의 신앙 전수라는 측면을 확인하는 과정에서, 기독교인은 믿음이 전수된다는 의미를 어떻게 이해해야 할지 고민이 되었다. 이후 미국의 유대 공동체, 이스라엘 공동체, 유대 기독인 그룹과의 만남 등을 통해 알지 못했던 부분과 왜곡되었던 많은 부분이 해소되면서 성경 말씀이 새롭게 보이기 시작했다. 특히 교육학적인 측면뿐 아니라 성경과 신학적 이해, 예수님을 중심으로 한 히브리적 성경 이해는 교육뿐 아니라 목회와 신학에도 지대한 영향을 미쳤다.

그 열매는 놀라웠다. 부모들에게 성경적, 신학적, 역사적 원리를 바탕으로 교육할 때 그들은 적극적으로 반응하며 즉시 가정예배를 시작했고 시간이 지나면서 성숙하게 발전해갔다. 처음부터 100점이 아니어도 상관없었다. 10점이면 어떠하고 20점이면 어떠한가! 가정과 교회에서 주일을 온전히 지키려는 마음을 하나님이 귀히 받지 않으실까 생각한다. 그렇게 시작된 가정예배와 예루살렘 초대교회 교육은 수천 가정에서 다양한 모습으로 열매를 맺었다. 가정예배 횟수뿐 아니라 질도 점차 높아졌다. 필자의 달라진 가정과 가정예배의 모습에서 그것을 찾을 수 있고, 인내를 갖고 노력한 수천 가정에서도 동일한 결실을 얻었다.

지난 20년 동안 수천 가정을 돕고 섬겨 왔다. 일본과 중국 등 해외의 가정과 교회를 섬기면서도 가정예배를 드리며 세울 수 있었다. 나라와 문화가 달라도 성경의 원리와 가르침은 동일하게 적용되니 열매를 거뒀다. 가정예배와 가정 교육에 대해 알려주는 신구약 성경을 기초로 기독교 교육을 온전히 가르치려 애썼다. 가르칠 뿐 아니라 필자의 가정에서 직접 실천했다. 또 섬기는 가정들이 그 가르침대로 살아가도록 최선을 다해 도왔다. 다른 가정을 섬길 때마다 연구하고 실천하며 겪었던 시행착오를 최대한 참고해 전하려고 했다. 이 과정에서 가장 큰 복을 누린 사람은 필자와 우리 가정일 것이다.

필자의 첫째인 지우는 여섯 살 때부터 가정예배를 드리기 시작하여 스물일곱 살이 되는 현재까지 오랜 시간 가정예배에 함께하면서, 일주일 중 가장 행복하고 즐거운 시간이라고 주저 없이 말한다. 아이들뿐 아니라 부모도 이 시간을 기다린다. 볼품없는 시작이었으나, 지금은 가정 문화의 핵심으로 자리 잡혔다. 이 얼마나 큰 복인지 모른다. 수십억, 수백억 원을 준다 해도 가정예배의 즐거움과 바꾸지 않을 것이다.

필자는 이러한 모든 경험과 깨달음을 《1세기 교회, 가정예배》로 담아냈다. 이 책은 IFCJInternational Fellowship of Christians and Jews에서 개최한 2018년 가을 교육 컨퍼런스, 〈가정예배, 어떻게 할 것인가?〉에서 강의한 내용을 중심으로 편찬했다. 가정예배와 관련된 절기를 이해하고, 성경에서 가정과 가정예배를 어떻게 다루고 있는지 살펴본 후 1세기 예루살렘 초대교회의 가정예배를 구체적으로 조명해본 시간이었다.

이 책은 총 3부로 구성되어 있다. 본론의 1, 2부에서는 예루살렘 초대교회에서 가정예배의 지위와 수천 년간 지속할 수 있었던 원천이 되는 두 가지를 살펴볼 것이다. (본 저서에서 '가정예배'로 명시된 것은 '예루살렘 초대교회 가정예배'를 뜻한다.)

1부 "절기와 안식일"에서는 절기의 의미와 중요성, 절기와 기독교와의 연속성, 안식일 그리고 주일과의 관계를 살핀다. 안식일의 특징과 주일성수 원리와 실제에 대해서도 다룬다. 가정예배가 하나님의 뜻이자 명령임을 알려주는 근거가 많이 등장한다. 1부를 깊이 이해하지 않고 가정예배를 논하다 보면 여러 가지 한계에 직면하게 된다.

2부 "가정"에서는 왜 가정과 가정 교육이 중요한지 신구약 성경을 중심으로 살펴본다. 4세기 이후 잃어버린 가정과 가정 교육, 가정예배! 그리고 가정이 중심이었던 예루살렘 초대

교회를 들여다본다. 1세기 예루살렘 초대교회가 가정의 중요
성에 대해 어떻게 이해하고 있었는지 살피고, 현재 한국과 세
계 교회와는 어떤 차이가 있는지 비교한다. 한국에서는 새로
부상 중인 가정에 관한 재발견을 성경에서는 이미 2천 년 전
또는 3천5백 년 전부터 심도 있게 다뤘음을 확인할 수 있을 것
이다. 이로써 자연스럽게 현대 기독교 교육, 교회 교육과 비교
할 수 있다.

　3부 "1세기 가정예배의 실제"에서는 실제적인 가정예배
순서와 방법을 살펴보도록 한다. 가정예배 순서는 예수님과
깊이 연관된다. 가정예배 순서에는 성막의 요소가 많이 담겨
있으며, 메시아의 그림자로써 주어진 성막이 부각되기 때문이
다. 성막은 그분의 십자가와 부활의 의미를 담고 있다. 13가지
순서를 초대교회 성도들은 어떻게 지켰는지 살펴보고, 예수님
을 중심으로 신약적 해석과 적용을 시도해본다. 필자가 적용

하고 실천한 노하우도 담겨 있다.

실제로 가정예배를 이해하려 할 때 이처럼 다루어야 할 주제가 참 많다. 아버지 역할, 어머니 역할, 매주 읽고 통독하며 연구하는 말씀 본문 이해, 상징물들의 성경적 근거와 이유, 성막에 대한 이해, 성경 연구와 토론, 성경 연구 방법들, 제데카(나눔 헌금), 기도문, 광야 생활과 가정예배, 절기 안식일, 가정의 중심성, 태교부터 13세 이전까지의 교육 원리와 방법, 어린아이들도 의젓하게 참여할 수 있도록 칭찬과 훈계 교육의 원리 체득 등 다양하다.

이 책을 통해 가정예배에 담긴 신구약적 의미를 발견할 뿐 아니라 다음 세대를 잃어가는 한국 교회의 가정과 교회 교육, 그리고 열방 교회의 가정과 교회 교육에 일조할 수 있으리라 믿는다.

1세기 교회 가정예배를 알기 위해

선행되어야 할 것은 절기와 안식일에 관한 이해다.

절기와 안식일은 가정예배와 긴밀히 연결되어 있다.

절기와 안식일 안에 가정예배가 있다.

1부

성경 신학적 배경 1:

절기와 안식일

많은 사람이 가정예배를 '가정에서 드리는 예배' 정도로 쉽게 생각하여 시작했다가 지속하지 못하고 그만두는 사례가 많다. 이는 사람들이 가정예배와 관련된 절기, 안식일, 주일, 가정 교육의 중요성 등을 이해하지 못한 채, 그 장소를 가정으로만 옮기는 것으로 생각했기 때문이다. 그러므로 가정예배를 논하기 전에, 우선 가정예배 안에 들어 있는 절기, 안식일, 주일, 가정 교육 등에 관한 의미를 살펴보자.

이러한 작업이 선행되어야 하는 이유는 이 책에서 소개하는 가정예배가 일반적으로 "가정에서 가족과 함께 드리는 자유로운 예배"가 아니라, 그 속에 다양한 교육적 가치뿐 아니라 말씀을 연구하고 토론하며 가르치는 내용이 담겨 있기 때문이다. 이러한 측면에서, 가정예배는 태교부터 13세까지 이루어지는 바르 미츠바[1]를 위한 교육과 깊이 연관된다.

필자가 오랜 시간에 걸쳐 가정예배를 포기하지 않고 지속하면서 다양한 결실을 맺었던 것은 중요한 선이해 덕분이었다. 가정예배와 관련된 중요한 제반 요인과 그것에 관한 의미들을 이해할 때 가정예배를 올바로 세우는 것이 쉽다는 것을 알게 되었다. 이를 통해 아버지나 어머니, 자녀의 역할을 제대로 이해함으로써 가정예배를 지속해서 유지해나갈 수 있었을 뿐 아니라 질적 효과까지 거둘 수 있었다. 이는 우리 가족은 물론 내가 섬겼던 여러 가정이 공감하는 사항이다.

따라서 본 장에서는 절기에 대한 의미를 이해하고, 성경에서 가정과 가정예배를 어떻게 다루고 있는지 살펴보고자 한다.

---

1.   Bar Mitzvah, 유대교에서 남자의 경우 13세, 여자의 경우 12세가 되어 성년의 례를 치른 사람

절기, 그 멈춤의 은혜[2]

가정예배는 절기에 해당하는 '안식일'에 거행되는 예배 중 하나다. 그러므로 가정예배를 이해하기 위해서는 절기의 의미를 파악하는 것이 무엇보다 중요하다.

성경에는 매달 절기가 있다. 대표적인 3대 절기에는 유월절, 오순절, 초막절이 있다. 이 절기는 삼대가 함께 일주일 또는 10일 동안 지킨다. 예를 들어, 초막절에는 3대가 함께 지낼 천막을 지은 후, 일주일 이상 그 안에서 지내면서 자녀들에게 출애굽 이후 광야에서 이끌어주신 하나님을 가르친다. 더불어

---

2.   권창규, 《자식농사 주안에서 내 맘대로 된다》, 올리브, 2014, p.118-26.

수천 년 동안 하나님께서 우리를 어떻게 이끌어주셨는지에 관해 할아버지와 아버지가 초막을 지어 재현함으로써 자녀에게 가르친다. 절기는 단순한 의식을 넘어 자녀에게 믿음과 역사를 계승한다는 목적이 들어 있다.

절기, 하나님과 만나는 신성한 약속

'모헤드'는 '정한 날', '정한 시간', '정한 절기'라는 뜻을 가진 히브리어다. 즉, "하나님께서 정하신 특별한 시간"이란 뜻이다. 그러므로 "하나님과 만나는 신성한 약속"이란 의미도 된다. 하나님께서는 정한 날에 하나님 앞에 나아오라고 하신다. 하나님께서 자기 백성과 자녀를 만나고 싶어 하시는 마음이 담겨 있다. 정한 때 만나시려는 하나님 사랑의 표현이다. 레위기 23장에 언급되는 첫 번째 절기는 안식일이다.

'절기'로 쓰이는 또 다른 단어는 '학$_{gah}$'이다. 이는 '춤추다'라는 단어인데, 절기가 기쁨과 즐거움의 때임을 말해준다. 또 하나의 단어는 '하각$_{gagah}$'이다. 하각에는 5가지 뜻이 있다. 첫째는 특별한 날을 기념하다, 둘째는 기뻐하다, 셋째는 명절 기분을 내는 태도와 절기를 기념하는 행동들, 넷째는 마치 술 취한 사람처럼 거칠고 거리낌 없는 행동(오순절 날 사도들은 성령으로 충만해져서 마치 취한 것처럼 보였다), 다섯째는 전쟁에서 적군에게 승리했을 때처럼 벌이는 춤과 축제라는 뜻이다.[3]

이날은 전투에서 승리했을 때와 비슷한 즐거움, 억제할 수 없는 기쁨의 날이다. 게다가 하나님의 마음을 이해하게 하는 진정한 통찰력도 주어진다. 하나님께서는 그 시간이 슬픔의 날이 아닌 기쁨의 축제가 되길 원하신다. 가정예배를 드리는 안식일도 이와 동일한 절기다. 하나님께서는 자녀들이 하나님만을 기뻐하고 하나님의 선하심을 누리길 원하신다.

안식일 안에 가정예배가 있다

하나님께서는 절기, 특히 3대 절기에 반드시 여호와께 나아오라고 하셨다. 유월절, 오순절, 초막절이 3대 절기인데, 그 외에 다양한 절기는 하나님께서 그들을 이끄신 역사적 사건을 기억할 수 있도록 돕는다. 현대 이스라엘은 몇 가지 절기를 추가해 지킨다. 예를 들어, 부림절은 하나님께서 하만의 손에서 이스라엘을 건지신 날로, 에스더와 모르드개의 믿음을 기억하

---

3.   로버트 D. 하이들러, 《메시아닉 교회》, 진현우 옮김, WLI Korea, 2008, p.250-1.

고 본받는 날이기도 하다.

절기는 하나님이 행하신 일을 재현하고 기억하는 날이다. 하나님은 기념, 즉 기억하는 것을 매우 중요하게 여기신다. 여호와의 절기를 제정하여 반드시 지킬 것을 명하셨다. 때로는 2~3일 혹은 8일씩 삼대가 함께 절기를 지킨다.

대부분 가정에서는 이 절기를 지키며, 시작할 때와 끝날 때는 공동체가 함께 모여 성회를 열기도 한다. 이런 절기들은 현재 이스라엘에서 자녀들에게 역사와 신앙을 물려주는 중요한 교육의 장이 되고 있다. 특히 절기 중 첫 번째로 언급하신 안식일(레 23장)에 가정예배가 속해 있다는 것이 의미심장하다.

이스라엘 절기와 기독교, 이렇게 연결된다

유대교의 절기는 지금의 기독교 절기와 연결되는데, 비유하자면 수련회와 유사한 면이 있다. 마치 수련회가 매달 열리는 격이다. 즉, 일주일 수련회가 1년에 3번 정도 열린다고 볼 수 있다. 그때마다 그들은 하나님을 깊이 묵상하며 경험하는 시간으로 삼는다. 유월절에 이스라엘을 인도하신 하나님께서 지금도 교회와 그리스도인을 인도하신다는 가르침이다.

봄 절기로는 유월절 – 무교절 – 초실절, 여름 절기로는 오순절, 가을 절기로는 나팔절 – 대속죄일 – 초막절로 이루어져 있다. 봄 절기 셋은 대속과 정결의 의미를 지닌다. 특히 유월절은 유월절 어린양으로 오신 예수님의 십자가와 부활을 예표한다. 예수님께서 유월절 어린양으로 오셔서 십자가에 달리신 날이다.

여름 절기인 오순절은 시내산에서 율법을 받고 신약에서는 성령을 받음으로써 말씀의 풍요로움을 상징한다. 이스라엘과 하나님과의 언약식이 체결된 날이다.

가을 절기는 풍요와 하나님 임재를 상징한다. 가을 절기는 예수님의 재림과 종말의 의미를 지닌다. 이 절기는 재림으로 완성될 것이다. 하나님이 주신 여호와의 절기는 예수님이 완성하신다. 그러므로 신약 교회는 여호와 절기의 의미를 깊이 연구하여 예수님의 십자가와 부활을 중심으로 재구성할 필요가 있다.

대표적으로 출애굽기 말씀으로 유월절에 대해 살펴보자.

³너희는 이스라엘 온 회중에게 말하여 이르라 이달 열흘에 너희 각자가 어린 양을 취할지니 각 가족대로 그 식구를 위하여 어린 양을 취하되 ⁴그 어린 양에 대하여 식구가 너무 적으면 그 집의 이웃과 함께 사람 수를 따라서 하나를 취하며 각 사람이 먹을

수 있는 분량에 따라서 너희 어린 양을 계산할 것이며 5너희 어린 양은 흠 없고 일 년 된 수컷으로 하되 양이나 염소 중에서 취하고 6이달 열나흘날까지 간직하였다가 해질 때에 이스라엘 회중이 그 양을 잡고 7그 피를 양을 먹을 집 좌우 문설주와 인방에 바르고 8그 밤에 그 고기를 불에 구워 무교병과 쓴 나물과 아울러 먹되 9날것으로나 물에 삶아서 먹지 말고 머리와 다리와 내장을 다 불에 구워 먹고 10아침까지 남겨두지 말며 아침까지 남은 것은 곧 불사르라 11너희는 그것을 이렇게 먹을지니 허리에 띠를 띠고 발에 신을 신고 손에 지팡이를 잡고 급히 먹으라 이것이 여호와의 유월절이니라 12내가 그 밤에 애굽 땅에 두루 다니며 사람이나 짐승을 막론하고 애굽 땅에 있는 모든 처음 난 것을 다 치고 애굽의 모든 신을 내가 심판하리라 나는 여호와라 13내가 애굽 땅을 칠 때에 그 피가 너희가 사는 집에 있어서 너희를 위하여 표적이 될지라 내가 피를 볼 때에 너희를 넘어가리니 재앙이 너희에게 내려 멸하지 아니하리라 14너희는 이 날을 기념하여 여호와의 절기를 삼아 영원한 규례로 대대로 지킬지니라 출 12:3-14.

현대 그리스도인들은 유월절을 별로 중요하게 인식하지 않는다. 단지 이스라엘의 종교행사 정도로 이해한다. 그러나

그리스도인들에게 유월절은 무척 특별한 절기다. 초대교회 성도들은 유월절을 지켰다.[4]

유월절은 적들의 손에서 자기 백성을 구해내신 하나님의 사랑과 능력을 기리는 날이다. 역사적으로는 이스라엘이 출애굽한 날이고, 영적으로는 예수님께서 유월절 어린양으로 십자가에 달리신 날이다. 유월절은 예수님이 이 땅에 오셔서 십자가에 달려 죽으실 것을 예표했다. 사탄에게 속박당한 이들이 구속과 자유와 해방을, 나아가 미래에 완전한 회복이 올 것을 약속하신 것이다. 과거에 하나님께서 하신 일을 찬양하고, 현재에도 이루어지도록 기도하며, 또 미래에 하실 일을 믿고 나아가는 것이다. 그들은 지금까지 유월절을 지키며 유월절 어린양이신 예수님을 생각하면서, 각 가정과 공동체에서 여러 모양으로 재현한다.[5]

유월절은 예수님 이후 십자가와 부활의 절기로 완성되었다. 그러므로 기독교인들은 더 이상 유월절을 지키지 않으며, 십자가를 기념하고 부활절을 지킨다. 유월절은 예수님을 통해 완성되었기 때문이다. 이 명절은 하나님과 깊이 연관되며, 특

---

4.   로버트 하이들러, 앞의 책, p.152-3.
5.   현재는 양 대신 닭을 잡으며 유월절을 기억하기 위한 다양한 행사를 가진다.

히 예수 그리스도께서 이 땅에서 행하신 사역과 긴밀한 관계가 있다. 과거 사건을 자카르(히브리어로 기억하다, 기념하다는 뜻) 함으로써 현재와 미래로 가져오는 것이다. 그렇게 하여 대대로 지속, 즉 전수하는 것이다.

멈춤의 은혜: 절기와 안식일, 그리고 주일

그렇다면 절기는 가정예배와 어떻게 관련되는가? 또한, 가정예배는 언제 드려야 하는가? 답을 얻으려면 안식일을 살펴보아야 한다. 성경은 여호와의 절기를 총 8가지로 말씀하는데(레 23장) 그 첫 번째가 안식일이다. 히브리어로 '샤바트 Shabbat'이며, '중지하다', '멈추다'라는 의미에서 파생했다.[6] 초대교회에서는 안식일에 가정예배로 모였다. 현대 유대인들도 안식일을 지킨다. 아담 이후 예수님 때까지 이 안식일(현재 토요일)을 지키고 있다.

하나님께서는 아담에게 안식일 계명을 주시며, 그날을 복되게 하시고 지키게 했다. 또 모세와 이스라엘에게는 돌판에

---

6. 한국민족문화대백과 사전 사이트에서 안식일에 대한 설명을 참고하라.
https://terms.naver.com/entry.nhn?docId=579838&cid=46647&category
Id=46647

안식일 계명을 십계명의 하나로 기록해 주셨다. 믿음의 선진들도 안식일을 지켰고, 예수님과 제자들도 안식일을 지켰다. 안식일과 절기를 제대로 지키지 않을 때, 하나님의 심판이 임했고 잘 지켰을 때는 복이 넘쳤다.

그렇게 안식일이 '시작되면서' 드린 예배가 가정예배다. 안식일이 시작되면 모든 가족은 일손을 멈추고 가정으로 돌아와 예배를 드린다. 어머니는 며칠 전부터 음식을 준비하고, 아버지도 가족과 함께 나눌 말씀을 준비한다. 가정예배는 안식일이 시작되는 첫 시간에 드렸다. 안식일은 지켜도 되고 안 지켜도 되는 선택 사항이 아니라, 하나님께서 지정하신 약속의 날이므로 반드시 하나님 앞에 가정이 함께 모여 지켜야 했다.

그렇다면 안식일에는 무엇을 했을까? 기독교인들은 이제 안식일이 아닌 주일을 지키고 있다. 우선 안식일에 대해 알아보고, 다음으로 안식일과 주일의 관계를 살펴보자.

1세기 교회, 가정예배

안식일(주일)이 우리를 지킨다[7]

이스라엘의 경우, 십계명 중 4계명에 해당하는 안식일 준수는 해가 지면서 시작한다. 먼저는 가정에서 그리고 회당(교회)에서 지켰다.

안식일 새롭게 보기

안식일의 특징과 유익을 살펴보면 다음과 같다.

---

7.   권창규, 앞의 책, p.112-7.

1. 노동을 금하고 온전히 하나님께 집중하는 날

이날은 노동을 금함으로써 온전히 하나님께 집중한다. 그분만을 경외하기 위해서이다. 무엇을 지킬 것이냐, 안 지킬 것이냐를 넘어 하나님께만 집중하고 경외하고자 함이 목적이다. 성경에 추가된 지나친 율법주의 규정들은 바르지 않다고 생각한다. 에스라 이후 하나님의 율례와 계명의 말씀을 잘 지키려 했던 동기는 좋으나, 훗날 지나친 세칙들로 무거운 짐이 되어버렸다. 창세기로부터 신명기, 신약에 와서 예수님이 주신 새 계명들은 무거운 짐이 아니었다.[8] 그러나 율법학자들이 자신도 지키지 못하고 다른 이들도 지킬 수 없는 규정들로 세칙을 만들면서 무거운 짐이 되었다. 결국, 지키지도 못할 숱한 규정들로 외식주의에 빠지게 되었다.

이에 대해 예수님께서 언급하신 사건이 있다. 제자들이 예수님과 함께 밀밭 사이로 지나며 밀을 까서 먹자 바리새인들이 예수님께 고발한다. 이에 예수님께서 바리새인들을 책망하며 참 자유와 안식일의 참뜻을 가르치신다. 율법을 무거운 짐으로 만든 종교적 율법주의를 배격하셨다마 12:1-8. 당시 율

---

8. "하나님을 사랑하는 것은 이것이니 우리가 그의 계명들을 지키는 것이라 그의 계명들은 무거운 것이 아니로다"(요일 5:3).

법에 대한 잘못된 이해로 안식일은 율법주의에 시달리고 외식에 빠져 있었다. 예수님께서는 이러한 자들을 책망하신다.

훗날 바울도 갈라디아서에서 율법주의자들을 향해 칼을 빼 들었다. 이는 외식주의를 비판하고 책망한 것이지 율법 자체를 버리자는 것이 아니었다. 도리어 예수님은 율법을 폐하려 함이 아닌 완전하게 하려고 왔다고 말씀하셨다마 5:17.

안식일의 중요한 첫 번째 특징은 모든 일을 멈추고 가정과 공동체가 함께 하나님께 예배하며 그분을 경외하는 시간을 갖는 것이다. 7일 중에 하루를 정해, 자기 백성이 당신을 향한 사랑을 표현할 수 있도록 하나님께서 정하신 날이다. 다시 말해 하나님을 만나기 위한 약속의 시간인 절기다. 우리가 매일 주님을 만나지만, 특별한 시간(하루)을 두어 따로 특별한 만남의 시간을 가질 것을 명하셨다.

2. 24시간을 온전히 드리는 날

24시간을 온전히 드리는 것이 중요하다. 이스라엘에서는 계절마다 안식일이 시작하는 저녁 시간을 따로 정해두었다. 안식일로 정해진 24시간을 온전히 지키는 것은 3천 5백 년간 내려오는 전통이자 문화가 되었다.

3. 가족과 함께 가정예배 드리는 날

안식일에는 가족이 함께 가정예배를 먼저 드리고 난 후, 밤늦은 시간까지 3대가 신앙과 삶을 나누고 여러 이야기로 교제한다. 수천 년간 나라도 없었으나 민족의 고유 신앙과 문화를 이어올 수 있었던 이유 중 하나가 여기 있었다. 일상에서 바쁜 한 주를 보내면서도, 이날만큼은 모든 일을 멈추고 온 가족이 공동체로 모여 함께 예배하며 늦은 밤까지 대화를 나누었다. 핍박 시기, 집단으로 모이기 어려울 때는 이렇게 가정에서 모인 이들의 가정예배로 그 명맥이 유지됐다.

4. 마음뿐 아니라 몸과 주변도 정결하게 하는 날

하나님께 마음뿐 아니라, 몸과 집 그리고 주변을 깨끗이 청소하며 준비한다. 안식일을 통해 부가적으로 얻는 유익이 참 많지만, 그중 성경적 사고를 영적인 것과 물질적인 것으로 분리하지 않고 통합시킨다는 것에 대해 깊이 이해하게 된다. 그래서 이스라엘에서는 "말씀이 있는 곳에 빵이, 빵이 있는 곳에 말씀이"라는 말이 있다. 손을 씻으며 마음의 죄를 회개하고, 빵을 먹으며 생명의 양식인 말씀을 연구하고 토론하고 가르친다. 식사 자리에서 말씀을 나누고 토론하는 것이 없다면 우상의 제단과 다를 바 없다고도 한다. 섬뜩하지만 깊은 깨달음을 주는 말이기도 하다.

5. 자신의 죄를 살피는 날

매주 자신의 죄를 살피고 하나님 앞에서 그리고 주신 율례와 법도에 내 마음이 어긋나 있지 않은지 살핌으로써 신앙에 큰 유익을 얻는다. 공적인 예배의 자리가 아닌 자신의 모든 것을 다 아는 가족들과 함께 예배함으로써 주님과 가족에게 투명하게 나아간다.

6. 어머니는 음식을, 아버지는 말씀을 준비하는 날

아버지와 어머니가 가정예배를 주도한다. 어머니는 음식과 간식을, 아버지는 자녀들을 가르치고 이끌어 갈 말씀을 준비한다.

7. 말씀을 오감으로 체험하는 날

조부모와 부모는 안식일을 중심으로 가정예배와 공동체예배를 통해 아이들의 오감을 자극하며 하나님의 율례와 법도의 말씀을 경험하도록 도와준다. 이는 자녀와 손자, 손녀에게 신앙을 전수하여 말씀을 맡은 아들과 딸이 될 수 있도록 하려는 것이다. 그들의 모든 신앙 형태 속에는 신앙과 믿음 전수가 담겨 있다. 그리고 그들은 가장 좋은 옷 또는 전통적인 옷을 준비한다. 단순히 옷을 잘 차려입기 위함이 아니라, 하나님께서 살아계심을 의식하고 경외하는 표현이다.

이렇게 안식일을 지킴으로써 그들은 이렇게 고백하는 셈이다. "우리는 안식일을 지켰으나, 안식일은 우리를 지켜줍니다." 이는 이스라엘에서 널리 회자되는 의미심장한 말이다. 자신이 안식일을 지키려 노력했는데, 지나고 보니 도리어 안식일이 자신의 믿음과 전통, 가정, 민족을 지켜주었다는 고백이다.

이처럼 첫 절기는 안식일이며, 이때 드리는 가정예배가 가장 중요한 시간 중 하나였다. 절기와 안식일이 중요하다는 고백 속에는 이처럼 가정예배가 함께 있음을 명심해야 한다. 이때까지 주일에 대한 기독교적인 이해에서, 교회에서 드리는 예배는 중요하게 여겨졌으나, 가정과 가정에서 드리는 예배는 그 가치를 제대로 인정받지 못했다.

안식일과 주일: 존재를 재확인하는 날

창세기 1장에서 하나님은 천지를 창조하시고, 안식일을 지키라고 명하신다. 안식일을 명하신 후 이날을 복되게 하셨다. 안식일 계명은 모세가 십계명을 받을 때 함께 받은 것으로 기록되어 있으나, 그 시초는 아담 때부터 시작된다창 2:3. 창조 이후 첫 안식일이 시작되었고, 그것은 셋, 에녹, 노아, 셈, 함, 야벳, 아브라함으로 전수되었다. 하나님이 시내산에서 돌에 새겨 모세에게 주시고 세세히 가르쳐주심으로 안식일은 성문화되었다출 20:8. 안식일을 포함해 레위기에 등장하는 8가지 절기를 '모헤드'라고 하는데, 이는 축제의 날이자 기쁨의 날로 하나님 앞에 반드시 지켜 나아가야 했다.

모세를 통해 주신 십계명에서 4계명에 속하는 안식일 계명은 주일의 뿌리이다. 성경적·신학적·역사적 뿌리가 약해지면, 결국 그 위에 놓인 신앙적 형태는 무너져 오래가지 못한다. 신약에서는 '주의 날'로 정해져 주일이 지켜졌으며, 초대 유대 그리스도인들은 토요일 안식일과 일요일 주일을 같이 지켰던 것으로 보인다.[9]

모든 날이 곧 주님의 날이라는 신학적 접근 때문에, 주일 자체를 특별한 날로 구별해 지키는 것에 대해 소홀해진 면이 있다. 물론, 모든 날이 주님의 날이기에 매일 거룩한 삶을 살아야 한다는 주장에는 반박의 여지가 없다. 그러나 그것으로, 주일과 안식일의 중요성이 약화되어서는 안 될 일이다.

———

9. 로버트 하이들러, 앞의 책, p.54.

현재 한국 교회는, 성도들이 주일 성수에 대해 그다지 중요하게 생각하지 않는다. 거룩히 주일을 지키는 것을 교회에서 드리는 한 시간 정도의 예배로 축소시켰다. 그렇게 구별한 예배로 온전한 주일 성수를 한 것으로 착각하기에 이르렀다. 이렇게 된 원인은 주일의 뿌리에 해당하는 안식일에 대한 올바른 이해가 부족하며, 안식일이 주일로 이어지는 데서 드러나는 연속성을 놓쳤기 때문이다. 안식일의 의미를 인지하면서 되새겨야 할 점은 24시간을 온전히 지켜야 한다는 것이다. 그 연장선상에 주일을 지키는 것이 있기 때문이다. 온전히 주일을 지키는 것을 율법적이라고 하면 어찌 되겠는가? 하나님이 주신 귀한 율법이다. 율법과 율법주의는 구분해야 한다.

안식일에 관한 연구를 바탕으로, 신약에서 주일로 연속되는 것과 비연속적인 면을 찾아보자. 즉, 기독교적 재해석이 필요하다출 20, 31장. 유월절이 부활절로 완성되고고전 5:7, [10] 오순절은 성령강림절로 성취되었다행 2:1-13. 초막절은 주의 재림으로 완성될 것이다고전 5:1, [11] 이 땅의 장막이 무너지고 영원한 장막인 천국으로 입성하게 될 것이다히 9:11. [12] 예수님은 미리 거처를 예비하러 가셨다. 동일하게 안식일은 주님께서 부활하심으로 죄에서 해방되어 참 안식으로 들어온 날, 부활의 날, 즉 주의 날로 완성되었다. 주일은 안식일 완성의 관점으로 보아야 한다.

유대인은 안식일을 생명처럼 지킨다. 어릴 때부터 습관이 되어 삶으로 자리 잡고 있다. 그들에게 안식일은 문화로 자리 했다. 이때, 가족이 함께 예배를 드린다. 특히 예절 교육, 인성 교육, 역사 교육을 함께 하는 날이기도 하다. 아버지는 하나님 말씀을 가르치고 자녀와 말씀으로 토론한다. 온전한 주일 성수 교육은 자녀에게 온전한 신앙을 형성하고 부모를 떠나 독립하더라도 그들의 신앙을 지켜주는 매우 중요한 역할을 한다. 유대인 기독인들은 지난 2천 년 동안 이를 실천해왔으며, 그 결과 유대인 그리스도인 자녀 배교율은 0.1%도 안 된다.[13]

유월절은 부활절로, 오순절은 성령강림절로, 초막절은 주의 재림으로 완성되었거나 완성될 것이라면 안식일은 어떻게 완성되었을까? 안식일은 창조와 안식의 의미를 갖는다. 창조하신 하나님을 기억하며 인간이 자기 존재를 재확인하는 날이

---

10. "너희는 누룩 없는 자인데 새 덩어리가 되기 위하여 묵은 누룩을 내버리라 우리의 유월절 양 곧 그리스도께서 희생되셨느니라"(고전 5:7).

11. "만일 땅에 있는 우리의 장막 집이 무너지면 하나님께서 지으신 집 곧 손으로 지은 것이 아니요 하늘에 있는 영원한 집이 우리에게 있는 줄 아느니라"(고후 5:1).

12. "그리스도께서는 장래 좋은 일의 대제사장으로 오사 손으로 짓지 아니한 것 곧 이 창조에 속하지 아니한 더 크고 온전한 장막으로 말미암아"(히 9:11).

13. 화석성서연구소(예루살렘 소재) 인터뷰 중 발췌.

다. 인간은 죄로 참 안식을 상실했다. 하나님은 죄 문제를 해결하기 위해 독생자 아들 예수님을 메시아로 보내셨다. 하나님이 보내신 예수님은 십자가에서 달려 인류 모든 죄를 담당하셨고, 부활하심으로 사망 권세를 부수고 승리하셨다. 진정한 안식으로 이끌어 천국 소망을 갖게 하셨다.

역사적으로 이날보다 더 위대한 날은 없다. 창조와 안식의 사바트는 십자가와 부활로 완성되었다. 이날이 바로 부활의 날, 즉 주의 날(주일)이다. 부활의 주님을 기억하며 영원한 참 안식으로 들어가는 위대한 날이다. 그리스도인들은 매 주일 이 의미를 마음에 새기며 가정과 교회에서 거룩하게 지켜야 한다.

20년 전까지만 해도 주일을 거룩히 지켜야 한다는 가르침이 한국 교회 안에 매우 강했던 것으로 필자는 기억한다. 그러나 주일성수에 대한 개념이 약해지면서 지금은 제대로 지켜지지 않는 경우가 많다. 이는 안식일의 뿌리를 잊어버렸기 때문이다. 주일 성수에 대한 뿌리는 안식일에서 찾아야 한다. 하나님의 특별한 날을 의미하는 히브리어 '모헤드'에 담긴 중요성은 안식일에 그대로 적용된다. 앞에서 언급했듯, 나라 없이 2500년 떠돌이 생활을 했으나 저들을 지켜준 것은 안식일이었다는 고백을 되새겨본다. 내가 안식일을 지킨 것이 아니라 안식일이 나를 지켜주었다는 교훈을 잊지 말아야 한다.

하나님은 8가지 절기 중 첫 절기인 안식일을 십계명에서 4계명으로 언급하시며 제대로 지키지 않을 시 사형의 형벌을 내리셨다출 31:14-17.[14] 안식일과 주일을 연속성 관점으로 보아, 어릴 때부터 주일을 생명처럼 지키며 가정과 교회에서 그 24시간을 즐겁고 행복하게 보내는 일을 잘 훈련한다면 인생에 얼마나 큰 유익이 있겠는가! 예루살렘 초대교회는 이 정신을 훼손하지 않고 지속했으며 우리는 지금 그 결과를 보고 있다. 이것은 믿음의 각 가정과 교회 그리고 다음 세대를 지키는 주요한 도구가 될 것이다.

주일을 거룩하게 지키기 위한 실제적 제안

안식일을 기초로 주일성수의 원리들을 살펴 가정예배와 연관해 정리했다. 신약의 성도는 유대인이 드리는 안식일을

---

14. "너희는 안식일을 지킬지니 이는 너희에게 거룩한 날이 됨이니라 그 날을 더럽히는 자는 모두 죽일지며 그 날에 일하는 자는 모두 그 백성 중에서 그 생명이 끊어지리라 엿새 동안은 일할 것이나 일곱째 날은 큰 안식일이니 여호와께 거룩한 것이라 안식일에 일하는 자는 누구든지 반드시 죽일지니라 이같이 이스라엘 자손이 안식일을 지켜서 그것으로 대대로 영원한 언약을 삼을 것이니 이는 나와 이스라엘 자손 사이에 영원한 표징이며 나 여호와가 엿새 동안에 천지를 창조하고 일곱째 날에 일을 마치고 쉬었음이니라 하라"(출 31:14-17).

• 일상에서 바쁜 한 주를 보내면서도, 이날만큼은 모든 일을 멈추고 3대가 함께 모여 예배한다.

• 어릴 때부터 주일을 생명처럼 지키며 가정과 교회에서 그 24시간을 즐겁고 행복하게 보내는 일을 잘 훈련한다면 인생에 얼마나 큰 유익이 있겠는가! 3대가 예배 후 집으로 돌아가는 모습.

1세기 교회, 가정예배

동일하게 드리지는 않지만, 그 원리를 참조하면 유익이 크다. 각 가정과 교회가 형편에 따라 적용할 수 있다.

1. 24시간을 소중히 드리라

토요일 오후 6시~주일 오후 6시까지는 가족이 모두 함께 하나님께 집중하는 하루를 만든다. 약속 시간 정하듯 어느 정도 시간을 정해두는 편이 유익할 것이다. 누구와 만남을 약속할 때도 시간을 정하지 않는가? 이때 어른이든 아이든 일과 공부를 멈추고 가정예배와 교회에서 드리는 예배 그리고 성도의 교제와 말씀 묵상 등으로 시간을 보낸다.

2. 정해진 절차대로 드리라

가정예배는 정해진 절차에 따라 드린다. 제시되는 가정예배 순서를 따르거나 가정 및 교회가 참조할 만한 매뉴얼을 만든다면 믿음의 가정들이 더욱 생명력 있는 가정예배를 드릴 수 있을 것이다.

3. 주일을 가족의 날로 정하라

이날만큼은 온 가족이 가족의 밤, 가족의 날로 지켜야 한다. 혹시 사정상 토요일 저녁이 안 된다면 함께 집중할 수 있는 요일을 정하여 정기적으로 실천하는 것이 중요하다. 안식일처럼 자연스럽게 주일을 지키도록 정하는 것이 가장 좋다. 이렇게 지킨 주일이 각 가정과 교회를 지켜줄 것이다.

4. 가정예배와 교회 주일예배를 연결 지으라

토요일 저녁에 가정예배를 드리며 주일 오전 교회 예배를 준비하는 시간으로 만들라. 초대교회 성도들은 안식일 바로 전날을 예비일, 즉 준비일로 지켰다. 음식은 며칠 전부터 준비했다. 이때 마음을 기울여 헌금과 옷 등을 준비한다면 예배를 준비하는 자세도 달라질 것이다.

5. 교회는 가족과 함께하는 프로그램을 만들라

교회는 가족이 함께 할 수 있는 프로그램을 만들고, 가정에서 주일을 거룩하게 지킬 수 있도록 아버지와 어머니가 교육한다. 처음부터 완전히 바꾸기는 어렵지만 각자의 사정에 따라 하나씩 바꾼다면 많은 유익을 얻게 될 것이다.

현재 필자의 교회에서는 대부분의 가정이 토요일 저녁 시간을 공식적으로 가정예배 시간으로 정하여 가정에서 예배를 드리며 가족의 날로 보내고 있다. 교회도 그 시간에는 행사나 다른 프로그램을 열지 않는다.

1세기 교회, 가정예배

6. 한 주를 계획하는 날이 되게 하자

토요일 저녁 가정예배 때 옷과 헌금은 물론, 내적으로는 회개와 겸손의 마음을 가짐으로써 주일 공동체 예배를 준비한다. 한 주간의 말씀과 기도 생활을 점검하고, 이것이 삶으로 자리 잡도록 어릴 때부터 훈련하며 교육할 수 있다.

7. 유흥을 멈추라

주의할 점은 주일에 집을 떠나 오락을 즐기지 않는다는 것이다. 가정에서 가볍게 즐거운 시간을 갖거나 가족이 특별한 이벤트를 여는 것은 가능했다. 여러 가정이 함께 모여 이 시간을 보낼 수도 있다. 이 시간을 영적 회복과 안식의 시간이 되게 하면 가장 좋다. 마음과 영혼이 힘을 얻는 부활의 시간이 될 것이다.

위의 가정예배 순서에 따라 진행해본 결과, 가정뿐 아니라 교회 내 대부분 가정에서 자녀들이 가족과 함께 드리는 예배를 기다리며 적극 참여하는 긍정적인 효과가 있었다. 우리 집에서도 자녀들이 토요일 가정예배를 손꼽아 기다릴 만큼 예배에 대한 태도가 변화되었다. 게다가 말씀 토론 시간은 아버지로서 자녀들에게 말씀을 가르치고, 깊은 대화를 나눌 수 있는 행복한 시간이었다. 이 시간은 성경 말씀을 가르칠 뿐 아니라 아버지의 신앙을 전수하는 좋은 기회가 되었다. 매주 말씀으로 교제하고 가르치는 시간을 통해 일관된 교육이 이루어지고 영적 교감도 나눌 수 있었다. 가정예배는 이처럼 성경의 가치를 공유하고 토론하며 고민을 나누는 장이 되었다. 가정예배에서 토론할 자료를 목회자가 매달 제공하고, 아버지들이 자녀들과 깊은 토론을 하고 있다. 이처럼 가족들이 함께 기도하고 말씀을 공부하는 시간은 가족 모두에게 행복한 시간일 뿐 아니라 하나님을 경험하는 시간이 된다.

먼저는, 성경이 말하는 가정을 이해해야

가정예배를 이해할 수 있다.

성경에 나타난 가정과

1세기 당시 가정의 모습을 살펴보자.

2부

성경 신학적 배경 2:

가정

초대교회와 가정 교육

현대 기독교는 신앙생활을 교회생활과 동일시하는 경향이 있
다. 교회에서 목사들에게 신앙생활에 관한 교육을 받는 것 정도
로 생각한다. 과연 1세기 예루살렘 초대교회에서도 그랬을까?

예루살렘 초대교회에서, 신앙생활에 필요한 것을 훈련받
는 최적의 장소는 가정이었다. 이 차이를 이해하는 것은 매우
중요하다. 일반적으로 떠올리는 가정예배와 예루살렘 초대교
회 성도들이 지킨 가정예배는 그 중요성에서 매우 달랐다. 앞
서 언급한 것처럼 절기, 안식일 스케줄에서 매우 중요한 순서
중 하나로 자리했기 때문이다.

흔히 사람들은 가정예배를 가정에서 드리는 많은 예배 가

운데 하나 정도로, 참여해도 되고 안 해도 되는 것으로 인식한
다. 그러나 1세기 예루살렘 초대교회에서 가정예배는 그렇지
않았다. 이것은 가정예배에 대한 이해 차이라기보다는 가정을
보는 시각이 확연히 다른 데서 출발한다.

　현대 교회는 신앙생활에서 가정의 역할을 그다지 중요하
게 여기지 않는 것 같다. 즉, 신앙생활의 중심을 교회로만 생
각하고, 가정은 신앙과 삶의 자리에서 변방으로 밀려났다. 그
러나 구약과 신약 예루살렘 초대교회를 살펴보면, 성경 말씀
과 교육적 측면뿐 아니라 신앙 전수에 있어 가정이 매우 중요
한 역할을 감당했다. 이스라엘 역사 속에서 가정이 어떤 위치
를 차지하는지를 함께 알아보자. 가정예배가 그들의 신앙 근
간을 떠받치던 매우 중요한 요소였음을 알 수 있다.

신구약 성경에서의 가정[15]

　바울은 디모데의 믿음에 대해 이렇게 말했다. "이는 네 속
에 거짓이 없는 믿음이 있음을 생각함이라 이 믿음은 먼저 네
외조모 로이스와 네 어머니 유니게 속에 있더니 네 속에도 있

──────

15.　권창규, 앞의 책, 올리브, p.35-42.

는 줄을 확신하노라"딤후 1:5.

바울은 디모데의 거짓 없는 믿음이 외조모 로이스와 어머니 유니게로부터 전수되었음을 확신했다. 유대인들은 이 말을 매우 자연스럽게 받아들인다. 이는 단순히 할머니나 어머니의 손을 잡고 교회에 출석했다는 말이 아니다. 교회에 출석해 예배를 드렸다고 해서 신앙이 전수되었다는 의미가 아니라는 것이다.

그렇다면 예루살렘 초대교회 성도들은 태교부터 시작해서 어떻게 자녀를 교육했을까? 그들은 아이를 임신했을 때부터 강보 교육을 하고, 2~3살 때 알렙베트(히브리어 알파벳) 교육을 실천하며, 4~13살에는 모세오경을 '하야'(ḥāyâ,'새기다'는 뜻의 히브리어) 하는 교육을 통해 믿음을 전수한다. 13살이 되면 '바르 미츠바'라는 말씀의 사람 선포식을 거행한다. 14~19살까지는 본격적으로 모세오경을 주석으로 연구, 토론, 가르치는 훈련을 한다.

특히, 바르 미츠바는 '말씀의 아들'로 공식 인증을 받았음을 상징한다. 이러한 이들을 토라(율법), 즉 말씀의 아들이라 칭했다. 13살 때부터 가정에서도 말씀을 가르치는 일은 종종 있었으며, 회당에서도 그 일은 지속되었다. 디모데가 수백 명 앞에서 자신의 신앙과 하나님 말씀을 공식적으로 가르친 때도

1세기 교회, 가정예배

13살이었다. 그 이후 그는 부지런히 성경을 매일 연구하고 토론했다. 할머니와 어머니, 성경 교사, 친구와 연구하고 토론하며 배웠다. 디모데와 그의 가족에게 메시아 예수님의 십자가와 부활의 복음을 전해준 이는 바울이었다. 바울이 그들에게 복음을 전해주었다 하더라도, 디모데에게 거짓 없는 믿음을 갖게 하고 말씀의 사람으로 자라도록 수고한 이들은 외조모 로이스와 어머니 유니게였다딤후 1:5; 3:14-17. 디모데가 외할머니와 어머니의 도움으로 제대로 준비되었기 때문에, 당대 최고의 율법학자요 랍비, 복음 전도자인 바울에게 훈련받을 수 있었다. 즉, 그는 바울 선교팀의 일원으로 더 깊은 교육을 받았을 것이다.

바울의 고백처럼, 디모데의 거짓 없는 믿음과 신앙에 좋은 기반을 만들어준 이들은 외조모와 어머니였다. 이를 통해 가정이 어떤 역할을 해야 하는지를 알 수 있다. 가정에서도 여러 가지 믿음을 위한 훈련이 있겠지만, 그중 하나가 가정예배다. 아래에서도 다루겠지만, 예루살렘 초대교회의 가정예배에서는 다양한 교육적 요소와 신앙 전수 내용들을 행하고 있었다.

초대교회 성도들의 일생

1) 강보 교육: 0~1세

2) 알렙베트 교육: 2~3세

3) 하야 교육: 4~13세

4) 다라쉬(연구 토론) 교육: 14~18세

5) 대학/일반 교육: 19~22세

6) 결혼과 자녀 교육: 23세~

1세기 교회, 가정예배

1. 강보 교육 (0~1세)

*초대교회 성도들은 아이를 임신했을 때부터 모세오경을 세 번 들려주는
태교를 시작했으며, 이를 '강보 교육'이라고 한다.

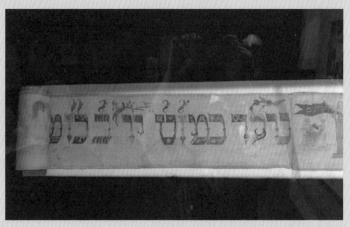

유대인 문화 박물관에 전시된 강보들(미국 LA)

2. 알렙베트 교육 (2~3세)

● 히브리어 알파벳(알렙베트) 교구.
성경을 읽게 하기 위해 히브리어 알파벳을 조기 교육한다.

● 히브리어가 새겨진 사탕

3. 하야 교육 (4~13세)

● 회당에서 말씀을 '하야' 하고 묵상하는 모습. '하야'는 말씀을 마음에
새긴다는 뜻으로, 존재 가득 채워 흘러넘칠 정도까지 한다는 의미까지 포함한다.

● 성대한 축제인 바르 미츠바의 모습. 바르 미츠바는 유대교에서
남자는 13세, 여자는 12세가 되어 치르는 성인 의례를 말한다.

● 바르 미츠바에서 말씀을 전하는 13세 소년.
양옆에는 할아버지와 아버지가 함께한다.

• 말씀을 하야 하는 모습

• 하브루타(토론식 공부)로 말씀을 연구하는 유대인 중학생

4. 다라쉬(연구 토론) 교육 (14~18세)

• 성경을 옮겨 적는 서기관

• 하브루타(토론식 공부)로 말씀을 연구하는 유대인 중학생

유대인 중학생들이 함께 말씀을 공부하고 있다.

평생 말씀과 함께하는 삶

1세기 교회, 가정예배

● 할아버지와 손자가 포인터로 성경을 함께 짚으며 읽고 있다.

• 말씀을 묵상하는 백발의 노인

• 하야 캠프 이후 원어를 찾아 말씀을 연구하는 법을 익힌 어린이(초등학교 4학년)

● 필자의 아내와 셋째 아이가 성경을 함께 읽으며 연구하고 있다.

신명기 6장 4-9, 20절

이스라엘 민족의 '신앙 고백장'이라고 불리는 신명기 6장은 가정의 중요성을 더욱 선명하게 말해준다.

⁴이스라엘아 들으라 우리 하나님 여호와는 오직 유일한 여호와이시니 ⁵너는 마음을 다하고 뜻을 다하고 힘을 다하여 네 하나님 여호와를 사랑하라 ⁶오늘 내가 네게 명하는 이 말씀을 너는 마음에 새기고[하야] ⁷네 자녀에게 부지런히 가르치며[솨난] 집에 앉았을 때에든지 길을 갈 때에든지 누워 있을 때에든지 일어날 때에든지 이 말씀을 강론[다바르, 하브루타]할 것이며 ⁸너는 또 그것을 네 손목에 매어 기호를 삼으며 네 미간에 붙여 표로 삼고 ⁹또 네 집 문설주와 바깥 문에 기록할지니라.

이 본문은 유일신이 하나님 여호와이심을 강조하는 것과 더불어 마음과 뜻과 힘을 다해 사랑할 것을 명하고 있다. 하나님은 이스라엘이 오직 평생 한 분뿐인 참 하나님만 온전히 사랑하길 원하신다. 사랑하는 방법으로는, 말씀을 먼저 부모 마음에 하야(존재 가득 채워 흘러넘치게 하고, 체화해 그것 자체가 됨) 하고, 자녀에게 부지런히 솨난(뾰족한 것으로 찔러 새겨줌), 하브루

1세기 교회, 가정예배

타(가르침, 강론)하라고 하신다.

이 말씀에 근거해보면, 가정예배의 꽃은 말씀이 흘러넘치게 하는 것과 가르치며 토론하는 것임을 알 수 있다. 또 그 말씀을 손목에 매어 행동의 표준으로 삼고, 미간에 붙여 생각이나 사고의 표준으로 삼고, 집 문설주와 바깥문에 기록하여 자녀에게 말씀을 전수하라는 것이다. 부모와 조부모가 말씀을 '하야' 하고 자녀 손자, 손녀에게 '솨난'하라고 명하신다. 이것이 하나님을 사랑하는 방법인 것이다. 말씀으로 하야 하여 자녀에게도 하야 되게 함으로써 말씀이 그들의 행동, 사고와 삶의 중심이 되어 유일하신 하나님만을 사랑하며 살게 하시려는 명령인 것이다.

신명기의 핵심 구절은 6장 20절이다. "후일에 네 아들이 네게 묻기를 우리 하나님 여호와께서 명령하신 증거와 규례와 법도가 무슨 뜻이냐 하거든." 자녀가 여호와 하나님께서 명령하신 증거, 규례, 법도가 무슨 뜻이냐고 물으면 아래와 같이 답하라고 하신다. 이 말씀의 뜻이 무엇인지, 우리가 왜 살아야 하고, 어떻게 살아야 하는지 묻는다면 자녀와 자손들에게 아래와 같이 말하라고 가르치신다.

²¹너는 네 아들에게 이르기를 우리가 옛적에 애굽에서 바로의 종이 되었더니 여호와께서 권능의 손으로 우리를 애굽에서 인도하여 내셨나니 ²²곧 여호와께서 우리의 목전에서 크고 두려운 이적과 기사를 애굽과 바로와 그의 온 집에 베푸시고 ²³우리 조상들에게 맹세하신 땅을 우리에게 주어 들어가게 하시려고 우리를 거기서 인도하여 내시고 ²⁴여호와께서 우리에게 이 모든 규례를 지키라 명령하셨으니 이는 우리가 우리 하나님 여호와를 경외하여 항상 복을 누리게 하기 위하심이며 또 여호와께서 우리를 오늘과 같이 살게 하려 하심이라 ²⁵우리가 그 명령하신 대로 이 모든 명령을 우리 하나님 여호와 앞에서 삼가 지키면 그것이 곧 우리의 의로움이니라 할지니라.

하나님께서는 부모들에게 출애굽 때 당신이 어떻게 하셨는지, 어떤 이적과 기사로 민족을 이끄셨는지를 가르치라고 하신다. 더불어 율법과 율례를 주셔서 하나님을 경외하고 항상 복을 누리게 하셨고, 주의 말씀을 지켜 행하면 의로움으로 여기심을 가르치라고 하신다. 하나님께서는 자자손손 하나님이 행한 일을 전달하고 가르쳐 믿음을 계승해나가고, 오직 하나님만 사랑하기를 원하신다.

따라서 가정에서 부모와 조부모를 통해 가르침을 받는 것이다. 절기는 가정에서 이루어졌으며, 유월절 지침도 각 가정에서 지킬 것을 명받았다. 그 외 모든 절기 때도 3대가 함께 가정에서 가정예배를 드린다. 공동체에서 첫날이나 마지막 날 성회를 열기도 하지만, 대부분의 시간은 가정에서 아버지와 어머니가 주도했다.

왜 하나님은 가정을 중심이 되게 하셨을까? 스데반 순교 사건으로 사도들 외에 수천 명의 예루살렘 교회 성도가 흩어졌을 때, 저들이 생존할 뿐 아니라 교회 개척의 사명을 감당할 수 있었던 것은 준비된 말씀의 사람이 있는 가정 덕분이었다. 그 중심에 가정예배가 있었다. 가정은 사역자들이 훈련되고 길러지는 곳으로, 하나님께서 이것을 디자인하셨다.

신명기 31:11-13

31:11 온 이스라엘이 네 하나님 여호와 앞 그가 택하신 곳에 모일 때에 이 율법을 낭독하여 온 이스라엘에게 듣게 할지니 12 곧 백성의 남녀와 어린이와 네 성읍 안에 거류하는 타국인을 모으고 그들에게 듣고 배우고 네 하나님 여호와를

경외하며 이 율법의 모든 말씀을 지켜 행하게 하고 [13]또 너희가 요단을 건너가서 차지할 땅에 거주할 동안에 이 말씀을 알지 못하는 그들의 자녀에게 듣고 네 하나님 여호와 경외하기를 배우게 할지니라.

이 성경 구절은 자녀들이 부모에게서 하나님 경외하기를 듣고 배우도록 명시하고 있다. 부모가 자녀들에게 이것을 가르치도록 명하신다. 여기서 주목할 점은 그들의 교육 중심에는 여호와 경외법이 있다는 것이다. 그래서 기독교인 및 유대인들의 교육 중심에는 하나님 말씀이 자리한다.

많은 유대인 교육과 관련된 책에서는 그들의 종교적 색채 때문에 성경에 대해 언급하지 않는 경우가 많다. 탈무드만 언급할 뿐 성경은 외면하고 있다. 하지만 성경을 외면하고는 유대인 교육 또는 기독 교육을 논할 수 없다. "교육의 주체가 부모이며, 부모가 말씀을 가르치고 자녀는 하나님 경외하기를 배운다." 이것은 이 시대를 사는 그리스도인들에게도 동일하게 적용된다.

잠언 22:6, 22:15, 29:17, 13:24

22:6마땅히 행할 길을 아이에게 가르치라 그리하면 늙어도 그것을 떠나지 아니하리라.

이 말씀에서 부모는 마땅히 행할 길을 아이에게 가르치라고 명하고 있다. 자녀를 가르칠 책임이 부모에게 있음을 말해 준다. 어릴 때 부모가 가르쳐놓은 것은 자녀가 늙어서도 떠나지 않는다는 것인데, 그만큼 부모 책임이 크다는 것을 보여주는 대목이다.

최근에는 부모들이 아이들과 함께하는 대화 시간이 일주일에 몇 분이 채 안 된다는 기사가 나오기도 했다. 기독 가정도 예외는 아니다. 다음 세대가 교회를 떠나는 이유는 마땅히 행할 길을 가르치라는 이 말씀을 지켜 행하지 않았기 때문일 것이다.

에베소서 6:4

6:4또 아버지 된 이 여러분, 여러분의 자녀를 노엽게 하지

말고, 주님의 훈련과 훈계로 기르십시오. (새번역)

신약에서도 명시된 것처럼 하나님은 바울 사도를 통해 아버지에게 주님의 훈련과 훈계로 가르치라고 명하셨다. 개역성경에는 교양과 훈계라고 되어 있는데, 그 의미가 명확하지 않다. 교양이란 단어의 원어적 의미는 '훈련'이다. 그러므로 아버지가 자녀에게 훈련하고 훈계하라는 말씀으로 해석하는 것이 더 명확하다.

이 시대 부모들은 자녀가 잘하도록 훈계와 훈련을 시키는 일에 서투르다. 자녀에 대한 훈련과 훈계를 하다 보면 노여움이 생기기도 한다. 4절의 노엽게 하지 말라는 말씀은 무슨 뜻일까? 이 말씀을 잘못 이해하는 경우가 있다. 이 말씀은 부모가 자녀에게 감정을 절제하지 못하고 함부로 훈육하는 것을 말한다. 마음을 다스려 징계와 훈계를 해야 하는데 그렇지 하지 못해 자녀를 노엽게 하는 것이다.

성경에는 자녀가 악을 행하고 말씀을 지켜 행하지 않을 때, 근실하게 징계하라고 명시하고 있다. 이것을 아버지의 책임으로 명백히 밝히고 있다. 그때 아이의 마음에 분노가 일어나는 것은 어쩔 수가 없다.

1세기 교회, 가정예배

디모데전서 3:4, 3:12

^{3:4}자기 집을 잘 다스려 자녀들로 모든 공손함으로 복종하게 하는 자라야 할지며.

위 말씀은 초대교회에서 지도자를 세울 때 기준이 되는 본문이다. 그 기준에는 지도자가 자녀를 어떻게 길렀느냐가 포함된다. 교회 지도자가 될 수 있는 사람은 가정을 잘 다스려 자녀를 성공적으로 키운 자여야 한다. 여기에 등장하는 세 단어에 주목할 필요가 있다.

첫째, "잘 다스린다"는 의미의 헬라어 "프로이스테미"는 '프로'('앞에서'라는 뜻)와 '케팔레'('머리'라는 뜻)의 합성어다. 주도적으로 이끌고, 무엇을 실행하고 지배한다는 사전적 의미가 있다.

둘째, "모든 공손함으로"를 뜻하는 "파스 셈노테스"는 더욱 정확하게는 "모든 일에 존경과 존엄, 공경의 자세로"라는 의미를 전한다.

셋째, "복종하게 하는 자"로 쓰인 "훼포타게"에는 "복종하다, 굴복하다, 종속시키다"라는 뜻이 있다.

종합해보면 교회 지도자가 될 사람은 가정의 머리로서 가정을 잘 이끄는 자이자, 모든 일에서 부모에게 존경과 경외심을 갖고 철저히 복종하는 자녀로 훈련해온 사람이어야 한다. 즉, 아버지에게 공손함과 경외의 태도로 모든 일에 철저히 복종하는 자녀, 이런 자녀로 양육한 아버지가 교회의 지도자가 될 수 있다.

현 시대는 복종이라는 단어를 싫어한다. 성경은 분명히 자녀에게 복종을 가르치고 순종을 가르치라고 말씀하지만, 우리는 도리어 반항과 불복종을 부추기는 사회에 살고 있다. 교회나 기독교인들도 이 성경 말씀을 외면하곤 한다. 현대 사상과 가치관에 영향을 받아, 복종은 야만적이며 무지한 이들이나 하는 굴욕적인 것으로 치부하곤 한다. 그런데 성경은 복종을 하나님께서 기뻐하시는 것으로 표현하고 있다.

성경이 말하는 기준은 세상과 다르다. 5계명은 "네 부모를 공경하라. 부모에게 순종하고 복종하라"라고 명하고 있다. 구약뿐 아니라 신약에서도 분명히 말씀하신다.

3:12 집사들은 한 아내의 남편이 되어 자녀와 자기 집을 잘 다스리는 자일지니.

이 구절도 자녀와 자기 가정을 강조하여 언급한다. 집사는 자녀를 잘 다스리는 자여야 함을 강조하고 있다. 이처럼 자녀를 다스려본 사람이어야 한다. 여러 방면에서 가르치고 훈련해야 할 책임이 부모에게 있음을 말하고 있다.

디도서 1:6

[1:6]장로는 흠잡을 데가 없어야 하며, 한 아내의 남편이라야 하며, 그 자녀가 신자라야 하며, 방탕하다거나 순종하지 않는다는 비난을 받지 않아야 합니다. (새번역)

장로가 될 사람은 자녀가 신자, 즉 믿는 자여야 한다. 또한, 방탕이란 헬라어 "아소티아"에는 "무절제, 방종, 허랑방탕함"이란 뜻이 있다. 무절제하고 방탕하다는 비난을 받는 자녀를 둔 자는 장로로서 자격이 없다. 또 "순종하지 않는다"라는 단어 "아뉴포타크토스"에는 "진압되지 않은, 사실이나 기질에 종속되지 않은, 불순종하는, 예속되지 않은, 다루기 힘든"이라는 뜻이 있다. 이것은 지나치게 독립적이어서 관계 안으로 들어오지 못하고 자기중심적인 것을 말한다. 즉, 아버지의 권위 안에 들어오지 않고 고집을 부리는 것을 의미한다. 그들은 다루기 힘든 이들이다. 고집스럽고 권위에 종속되지 않으며, 다루기 힘든 자녀가 있는 부모는 교회의 지도자나 장로로 세우지 말라고 한다. 장로의 기준으로는, 자녀를 교육하며 특히 잘 다스린 것이 교회 지도자 자격으로 중요함을 알려준다. 자녀를 복종하는 자, 경건한 자로 훈련하지 못하면 교회의 지도자가 되어서는 안 된다. 부모가 자녀를 잘 교육하여 믿음의 사람, 말씀의 사람으로 키워야 직분을 맡길 수 있다.

이 외에도 성경의 많은 구절이 부모를 통한 가정 교육이 얼마나 중요한지를 알려주고 있다. 가정의 중요성은 아무리 강조해도 부족하다. 그런데 현대 기독교는 왜 가정의 소중함과 열매를 잃어버렸을까?

4세기 이후 잃어버린
가정과 가정예배

1세기 예루살렘 초대교회 이후 세월이 흐르면서 언제부터인가 가정과 부모가 중심이 아닌, 전문 교육을 받은 사제와 예배당 중심으로 목회와 교육의 주체가 바뀌었다. 이 일로 가정은 힘을 잃었다.

콘스탄티누스는 기독교인이 사적으로 모여 예배하는 것을 금지하는 법령을 제정했다. 그 법령은 가톨릭교회가 아닌 곳에서 예배하는 것을 금했다.[16] 1517년, 영국의 코벤트리에서는 다섯 명의 남성과 두 명의 여성이 자녀들에게 영어로 주

---

16. 로버트 하이들러, 앞의 책, p.67.

기도문과 십계명을 가르쳤다는 죄목으로 화형장에서 불태워졌다.[17] 4세기 이후 종교개혁이 일어나기까지 여러 변화가 있었지만, 예루살렘 초대교회와 성경이 말하는 가정의 중요성과 가치는 여전히 답보 상태에 머물러 있었다.

---

17.   앞의 책, p.88.

가정이 중심이었던
1세기 예루살렘 초대교회

도기위즈Dowgeiwicz는 그의 저서에서 이렇게 말한다.

유대교는 어느 시대의 박해에서도 살아남았다. 종교적 생
활의 실질적 구성과 기능이 모두 가정을 중심으로 했기 때
문이다. 수 세기가 지나는 동안 수많은 회당이 파괴되었음
에도 유대교가 살아남을 수 있었던 이유는, 선조들의 신앙
에 대해 마땅히 알아야 한다는 생각이 모든 유대인에게 있
었기 때문이다. 그러므로 유대교는 언제나 가정에서 살아
남았다. 가정은 하나님을 예배하기 위해, 그분의 말씀을 공
부하기 위해 그리고 이웃을 환대하기 위해 구별된 작은 성

소('믹크다슈 마아트', 히브리어)였다.[18]

에스라 이후에야 학교의 개념이 시작되었고, 예루살렘 초
대교회에서도 학교 기능을 하는 곳이 있었다. 그러나 학교는
보조적 역할을 담당할 뿐 아브라함 이후 교육의 책임은 언제
나 가정에 있었다.[19] 학교에 대한 유대인의 이상이 높기는 했
어도 유대인들에게 진정한 교육은 가정을 중심으로 했다. 포
로기 이전 시대의 유대 역사에서는 학교의 흔적을 찾아보기
어렵다. 유일한 학교는 가정이었고, 유일한 교사는 부모였다.[20]

1세기 예루살렘 초대교회는 가정이 중심이 되어 교육이
이루어졌고, 안식일과 주의 날에 가정예배를 드렸다. 가정예
배는 일주일에 한 번이었으나 말씀을 읽고 묵상하고 하야 하
고 연구 및 토론하는 일은 매일 이루어졌다.

베이트 미드라시[21]("배움의 집")에는 매일 일을 마치고 자

---

18. Mike Dowgiewicz, and Sue Dowgiewicz, *Restoring the early church*, GA; Aslan Group Pub., 1996, p.190-191.
19. 플래처 H. 스위프트, 《고대 이스라엘의 종교교육》, 유재덕 옮김, 소망, 2012, p.45.
20. 앞의 책, p.179.
21. 고세진 교수는 '베이트 미드라시'에 대해 다음과 같이 설명했다. 아래 내용은 전문에서 일부를 가져온 것이다. 전체 글은 아래 주소를 참조하라. (http://cafe.daum.net/theholylandourlife/7iWK/2)

녀들과 함께 온 할아버지와 아버지로 북적였다. 그것은 당시 이스라엘의 일상이었다. 틈만 나면 말씀을 읽고 묵상하고 하야 하고 연구 및 토론하는 것이 그들의 삶이었다. 베드로와 요한은 하루 세 번 기도하던 기도 습관을 따라 성전을 향해 가다가 앉은뱅이를 일으키는 기적을 베푼다^{행 3:1-10}.

경전으로는 성경을, 가시적인 조직으로는 유대교를 모체로 하는 그리스도교는 유대교 회당을 모본으로 교회를 출범시켰다. 그리스도교의 후발 주자인 개신교는 회당의 두 기능인 예배와 평생교육에서 예배만 취하고 평생교육은 방기했다. 초대교회는 많은 핍박을 받으면서 신앙을 지켜나갔다. 그 과정에서 정착하지 못하고 계속하여 피난하고 옮겨가야 했기 때문에 교육을 실시할 수 없었던 것이다. 그들은 예배는 철저히 했으나 교육을 할 여건은 갖추지 못했다.

유대교 안의 평생교육은 베이트 미드라시, 직역하면 "배움의 집"인 일종의 학교에서 실시되었다. 모든 유대인 어린이들은 어려서부터 회당에서 베이트 미드라시에 다녔고 예수님이나 베드로 같은 제자들도 베이트 미드라시에 다녔다. 그러므로 베드로를 '무식한 어부'라고 치부하는 것은 잘못이다. (…)

사람들이 일반적으로 모르는 사실은 회당(시나고그 또는 베이트 크네세트)이 있는 곳에는 베이트 미드라시도 있었다는 사실이다. 회당은 히브리어로 '베이트 크네세트' 즉, "모임의 집"이라는 뜻이고 베이트 미드라시는 "배움의 집"이라는 뜻이다. 회당은 여러 기능을 복합적으로 수행했지만, 베이트 미드라시는 '공부하는 집'이라는 뜻에 걸맞게 공동체에 속한 사람들에게 전적으로 공부를 시키는 기관이었다. 부유한 마을이나 회당은 베이트 미드라시를 위한 건물을 지어 회당 옆에나 마을 다른 곳에 두어 학교 기능을 하게 했다. 가난한 마을이나 회당에서는 회당 건물 안에 베이트 미드라시를 두었다. 회당에서 공부했다는 말은 자연스럽게 베이트 미드라시에 다녔다는 뜻이었다.

마을의 아이들은 4~5살이 되면 회당에 가서 공부를 시작했다. 이것은 가정 교육과 함께 중요한 교육이었다. 아이들은 18살이 될 때까지 베이트 미드라시 교육을 받고는 각자의 직업을 선택하여 사회로 나아갔다. 베이트 미드라시에서 하는 공부 중 가장 중요한 것은 구약성경이었고, 나중에 탈무드가 집대성되자 탈무드 공부도 하게 되었다. 어린이들은 풀타임으로 매일 공부를 했으며, 어른 남자들은 저녁에 모여 성경 공부를 했다. 그래서 유대인들 속담에는 "가장 행

자신은 목회자도 아니고 신학도 하지 않았는데 어떻게 아이들에게 말씀을 가르칠 수 있을지 많은 아버지들이 묻는다. 초대교회 아버지들은 어떻게 가정예배를 인도했을까? 초대교회 성도들의 일생을 이해하면 이에 대한 답을 쉽게 찾을 수 있다.

1세기 예루살렘 초대교회 성도들은 아이를 임신할 때부터 '강보 교육'이라 하여 모세오경을 세 번 들려주는 태교를 시작한다. 2~3살 때는 두루마리 성경을 읽게 하려고 알파벳을 조기 교육한다. 이를 '알렙베트 교육'이라고 한다.

4살부터 13살까지는 모세오경을 대부분 다 외우며 가르칠 수 있을 정도로 교육을 받는다. 6살 때부터 회당 학교에서 성경을 연구하기 시작하며, 모세오경을 하야 한다.

복한 여자는 아침에 아이들을 베이트 미드라시에 보내고 저녁에는 베이트 미드라시에서 돌아오는 아이들과 남편을 맞이하는 여자"라는 속담이 있었다.

교회는 회당을 모체로 하고 있다. 예수님께서 회당에 다니시며 설교를 하셨고, 제자들은 소아시아와 유럽에 있는 회당을 찾아다니며 선교를 했다. 유대인 디아스포라가 그리스도교 전파의 전초기지 역할을 했다고 하는데, 그 회당에는 베이트 미드라시가 있었다. 그러나 교회는 회당만 가져오고 베이트 미드라시는 버렸다. 물론 교회 안에서 성경 공부를 하기는 하지만 베이트 미드라시 교육에 비하면 큰 의미가 있는 것이 아니다. 베이트 미드라시는 전인격적 풀타임 성경 공부를 유아와 청소년들에게까지 한다.

하지만 한국인들에게 실제로 그런 교육이 이루어질 수는 없다. 한국은 모든 가정을 하나로 엮는 성경 같은 구심점이 없고, 가정 밖에서 그 교육을 심화시키는 베이트 미드라시가 없기 때문이다. 유대교 사회에서 그리고 회당에서 베이트 미드라시는 평생교육이었다.

1세기 교회, 가정예배

14살부터 본격적으로 다라쉬(연구, 스 7:10)와 쇠파트(토론, 하브루타) 교육을 한다. 이때 사용하는 자료는 모세오경 주석이다. 중학교 때부터 고대 주석으로 원문을 살피며 공부한다. 아예 학교 수업시간으로 배정되어 있다.

학교마다 다르겠지만 필자가 미국과 이스라엘 중학교를 방문했을 때 하루에 2~3시간 성경을 연구하고 토론하는 시간이 있었다. 그들은 이미 스스로 성경을 공부할 수 있도록 준비되어 있었다. 현대 교회에서 하루 한 장 성경을 읽는 것과 얼마나 차이가 나는가! 6살 때부터 시작된 성경 연구와 토론, 가르침은 평생 이어진다. 이것은 그들에게 평생 지속된다. 숨이 붙어 있는 한 그들이 해야 할 것은 주야로 주의 말씀을 묵상(하야)하고 하브루타하는 것이다.

연구 중에 말씀의 8가지[22]를 행하는 것이 그들의 존재 이유임을 발견하게 되었다. 초대교회 성도들은 자신이 사는 이유가 성경을 연구하기 위해서라고 생각했다. 교회들은 이러한 의식을 언제부터 놓치고 살았을까?

예루살렘 초대교회 성도들의 일생을 연구하며 스데반과 빌립 집사의 설교와 개척 사역, 목회를 이해할 수 있었다. 신학대학원을 다닐 때 설교학 교수님은 성경에서 가장 탁월한 설교자로 스데반을 꼽았다. 그때는 이해가 되지 않았다. '사도도 아닌 집사가 어떻게 가장 탁월한 설교자란 말인가?' 이런 의문이 들었기 때문이다. 그런데 초대교회 성도들의 일생을 연구하며 스데반이 사도나 율법학자도 아니었음에도 그런 말씀을 선포하며 가르칠 수 있었던 이유를 알게 되었다. 그의 영적인 힘이 대제사장과 그 무리, 공회를 뒤집어놓았다.

말씀을 가르치는 사역과 증거하는 일은 13세부터 시작된다. 사도행전 2장에서 3,000명이 교회로 몰려왔을 때 그들 대부분은 이런 교육을 받은 이들이었고, 어느 정도 영적인 리더십이 있었다. 초대교회 안에는 이미 말씀을 가르칠 인재들이 넘쳐났다. 그들은 이미 가정 모임이라는 환경에서 준비되고 훈련된 이들이었다. 가정예배는 초대교회 지도자를 훈련하는 훈련소였다. 가정예배의 꽃은 말씀을 함께 가르치는 시간이다 신 6:7. 바울은 교회를 잘 이끄는 지도자의 조건으로 가정을 잘 이끌 수 있는 사람이어야 한다고 했다 딤전 3:4-5. 매주 가정예배를 인도하는 것을 배워가면서 당시 대가족이었던 25~40명을 이끄는 영적 지도자로 훈련된 것이다.

---

22. '말씀의 8가지'란 필자가 1세기 이스라엘 예루살렘 초대교회를 연구하며 정리한 것이다. 태어나면서부터 토라와 떨어지지 않고 삶의 체질로 자리하게 되기까지 필요한 8가지 요소라 할 수 있다. 8가지에는 카라(읽기), 하가/씨하흐(묵상), 하야(새김), 다라쉬(연구), 솨파트(토론, 하브루타), 카타브(글쓰기), 라마드(가르침), 앗싸(지켜 행함)가 있다.

주일학교 아이들과 내 자녀를 가르치고 이끌며 교육하는 것은 정말 어려운 일일까? 1세기 예루살렘 초대교회의 아름다운 유산인 가정예배와, 말씀과 기도 습관을 잃어버린 것은 매우 슬픈 일이다. 단순히 가정예배에 대한 이해를 넘어 구약으로부터 내려와 예루살렘 초대교회에도 자리했던 가정의 중요성을 일깨우는 것이 무엇보다 중요하다. 사탄은 지난 2천여 년 동안 가정이 신앙과 교육, 교회의 중심이 되지 못하게 만들었다. 신앙생활과 교육 등은 교회의 역할로만 이해하게 했다. 어린아이 시절부터 성경을 배우게 하고 신앙 교육을 위해 세운 학교는 언제부턴가 성경과 하나님 그리고 신앙을 배제하고 세상 가치와 사상으로 가득 채워졌다. 잃어버린 가정의 소중함을 회복해야 한다. 이것을 간과하면 가정예배는 그 힘을 잃으며, 가정이 그 능력을 잃어버릴 때 결국 교회도 힘이 약해진다.

● 초막절에 성경을 가르치기 위해 아이들과 함께 현장을 찾아가는 아버지

1세기 교회, 가정예배

* 초대교회 아버지들은 어떻게 가정예배를 인도했을까?
초대교회 성도들의 일생을 이해하면 이에 대한 답을 쉽게 찾을 수 있다.

2003년도부터 지금까지 가정을 섬기며 가정예배도 가르쳤다.

성경적, 신학적, 역사적인 사실에 근거하여

가정예배의 중요함을 알게 된 가정들이 가정예배를 시도했을 때,

몇 개월 되지 않아 모두 정착하는 것을 보았다.

필자는 구약에서 신약까지 이어지는 가정예배 전통을 살펴보며,

그것을 바탕으로 기독교 가정예배의 모범적인 순서를 제안하려고 한다.

3부

1세기 가정예배의 실제

모든 그리스도인은 가정을 이루면서 정기적으로 가정예배를 드리고 싶어 한다. 결혼 초 계획을 세워두기도 하지만, 정작 실제로 가정예배를 드리는 기독교인 가정은 그리 많지 않다. 아마도 구체적으로 어떻게 드려야 할지 모르기 때문일 것이다. 필자도 목사가 될 때까지 정규 신학 과정과 훈련에서 '가정예배'와 관련된 과목을 배운 적이 없다. 누군가 가르쳐준 적도 없었다.

지난 20년 동안 가정을 섬기며 가정예배도 가르쳤다. 성경적, 신학적, 역사적인 사실에 근거하여 가정예배의 중요함을 알게 된 가정들이 가정예배를 시도했을 때, 몇 개월 되지 않아 모두 정착하는 것을 보았다. 필자는 구약에서 신약까지 이어지는 가정예배 전통을 살펴보며, 그것을 바탕으로 기독교 가정예배의 모범적인 순서를 제안하려고 한다.

전체 그림

1세기 예루살렘 초대교회에서 드렸던 가정예배의 전체 순서는 다음과 같다.[23]

1. 사전 준비: 예비일

23. 이 내용은 유대인 크리스천들이 시행한 전통적인 가정예배를 사례로 소개한다. 물론, 현대 유대인 크리스천들의 가정예배 모습은 다양하다. 다만, 성경 말씀을 통해 유월절 세데르(만찬) 예식이 그대로 진행된 것으로 추정할 수는 있다. 필자는 미국과 이스라엘 유대인 가정들을 방문하여 참여한 가정예배와 필자의 가정에서 실천 적용한 경험을 토대로 신구약 성경의 관련 구절에 대해 연구한 내용을 추가했다. 예루살렘 초대교회가 전통적인 가정예배 패턴을 계승했으리라 이해하고 기술했다.

2. 가정예배 순서

    (1) 아내이자 어머니의 촛불 점화 및 여는 기도

    (2) 아버지의 축복기도

    (3) 찬송

    (4) 어머니(아내)를 위한 축복송

    (5) 애찬1 – 포도주

    (6) 정결예식

    (7) 애찬2 – 빵

    (8) 저녁 만찬

    (9) 말씀 공부: 다라쉬와 쇠파트(하브루타)

    (10) 후식 및 대화

    (11) 찬송 부르기

    (12) 제데까(헌금)

    (13) 기도와 마무리

예루살렘 박물관에 있는, 유월절 가정예배를 재현한 모습

가정예배 13단계와
세부 사항

1) 사전 준비: 예비일

안식일의 하루 전인 예비일에는 가정예배 사전 준비 작업으로
집을 청소하고 몸을 정결하게 씻는다. 해가 지는 저녁 시간에
온 가족이 가정으로 모이면서 시작된다. 온전히 주의 날을 준
비하기 위해 청소와 목욕을 한다. 가정예배를 드릴 가정을 먼
저 정결하게 하고 자기 몸도 깨끗이 씻는다.

　　청소는 자신이 거하는 장소를 깨끗하게 함으로써 하나님
앞에서 준비하는 것이다. 가정예배를 드리는 장소는 하나님
앞에 올려드릴 거룩한 곳이기에 거룩하고 정결해야 한다. 거
룩은 시간, 장소, 마음의 영역에서 모두 이루어져야 한다. 이

것을 "미크레"라고 한다. 성지에 가면 마을 어귀에 정결예식을 위한 장소가 준비되어 있다. 가정집 앞에도 손과 발을 씻는 공간이 마련되어 있다. 가정은 또 다른 성소이므로, 믿음의 가정은 하나님이 거하시는 성소가 되어야 한다.

주변 장소를 깨끗이 할 뿐 아니라 자신의 몸도 깨끗하게 함으로 자신을 정결하게 한다. 목욕이나 손, 발을 씻으며 회개의 시간으로 마음을 정결하게 한다.

시간도 거룩하게 써야 한다. 주일은 주의 날로 하나님 앞에 드려지는 시간이다. 아버지는 말씀을 준비하고 어머니는 음식을 준비한다. 말씀과 빵이 함께한다.

2) 가정예배 순서

가정예배 순서를 살펴보고 그 순서에 담긴 신구약적 의미를 살펴보자. 어두워지기 전 아버지와 아들들은 회당에 가서 말씀, 기도, 찬양하는 시간을 가진다. 1시간에서 1시간 반 정도의 시간 동안 진행된다. 필자가 방문한 곳들은 아버지가 아들들과 함께 회당에 모였다. 안식일 가정예배 전 회당을 방문하면 그곳에서 말씀과 기도, 찬양하는 이들을 볼 수 있었다. 유대인들은 안식일을 의인화하여 여왕이 오신다며 환영한

● 해가 지는 저녁 시간에 온 가족이 가정으로 모이면서 안식일이 시작된다.

1세기 교회, 가정예배

다.[24] 필자가 이스라엘을 방문했을 때 기도하던 이들이 안식일 여왕을 맞이하는 순서를 지나는 것을 보았다. 그 모습이 참 인상적이었는데, 잔치의 시작을 알리고 결혼식에서 신부를 맞이하는 느낌을 받았다. 말씀과 기도 그리고 안식일 여왕을 맞이한 후 가정으로 와서 가정예배를 시작한다.

(1) 아내이자 어머니의 촛불 점화 및 여는 기도

며칠 동안 음식을 준비한 어머니는 딸들과 촛대 앞에 선다. 가족의 수만큼 초를 켜거나 2개의 촛대에 불을 켜기도 한다. 당일 어두워지기 전, 어머니는 촛불 점화 후 기도를 한다. 아내가 촛불을 켜는 것은 가정의 빛을 밝히는 사명을 어머니(아내)가 가졌음을 의미한다. 어머니(아내)의 표정이 얼마나 밝은가가 가정의 분위기를 좌우한다.

이스라엘에서는 '빛의 절기'가 있을 만큼 빛에 대해 각별하다. 태초에 빛이 있으라 하신 그때로부터 신약 세상에 참 빛으로 오신 예수님에 이르기까지, 빛은 특별한 의미를 준다. 빛은 예수님을 상징한다(요 1:9).[25] 온 가족이 빛으로 가득해지듯 가

---

24. 현용수,《한국형 주일가정식탁예배 예식서》, 쉐마, 2006, p.131.
25. "참 빛 곧 세상에 와서 각 사람에게 비추는 빛이 있었나니"(요 1:9).

● 해가 지는 저녁 시간에 온 가족이 가정으로 모이면서 안식일이 시작된다.

족들 마음에 예수님으로 가득하게 될 것을 기대한다는 의미다. 빛은 어둠을 내쫓는다. 참고로, 아내는 남편과 가족을 사탄으로부터 보호하고 지키는 역할을 한다. 그것은 결혼식 순서에도 잘 나타난다. 결혼 예식에서 신부는 신랑을 돌며 사탄의 권세에서 지켜 보호한다. 해가 지면 딸들과 함께 촛불을 켜고 그 앞에서 눈을 가리고 기도한다. 어머니의 역할에 대한 성경적 뿌리를 찾는 이 일은 매우 중요하다. 단순히 촛불 하나를 켜는 것이 아니다. 어머니는 자식과 가족들을 위한 기도를 넘어 나라와 열방을 위해 기도한다.

1세기 교회, 가정예배

1세기 당시 촛불 아래서 드렸을 것으로 추정되는 기도문이 있다. 포스 힐라론Phos Hilaron(기쁨의 빛)이라고 불리는 기도문이다.

복되십니다! 메시야이신 예슈아, 우리 기쁨의 빛이시여, 영원하신 아버지의 순수한 광명이시여! 해가 저물어 저녁 등불에 불을 밝히며, 우리는 아버지와 아들과 하나님의 성령께 찬양과 감사를 올려드립니다. 오 하나님의 아들, 생명을 주시는 분이시여, 당신께서는 세세토록 즐거이 찬양을 받기에 합당하신 분입니다. 모든 피조물을 통해 영광받으소서!

(2) 아버지의 축복기도

그다음은 아버지의 축복기도로 이어진다. 아내와 첫째, 둘째, 셋째, 넷째로 이어지면서 아버지가 안수하며 축복기도를 한다. 이것은 이삭과 야곱의 축복기도에서 유래한 것이다창 27:1-45; 48:1-49:33.

초대교회 가정에서는 창세기 48장에 근거하여 기도했다. 야곱이 요셉의 두 아들 에브라임과 므낫세를 위해 드린 축복문이 기록된 말씀이다. 아들들을 향해 에브라임(영적인 견고함)

과 므낫세(경제적 풍요함)와 같은 삶을 살도록 축복한다. "하나
님이 너를 에브라임과 같고 므낫세와 같게 하시기를 빈다"창
48:20, 새번역. 딸들을 위해 기도할 때는 사라와 리브가와 라헬
과 레아 같기를 기도한다. "하나님이 사라와 리브가와 라헬과
레아 같게 하시기를 원하노라." 이스라엘의 기틀을 마련한 네
여인의 이름을 불러 기도함으로 딸들이 열국의 어미가 되기를
바란다.

아들과 딸들에게 이렇게 기도한 후 민수기 6장 제사장의
축복기도를 한다. 가정의 제사장인 아버지는 가족들의 영혼
상태를 살피면서 축복기도를 하며 나아가 가정과 가문을 위해
축복기도를 한다.

여호와는 네게 복을 주시고 너를 지키시기를 원하며 여호
와는 그의 얼굴을 네게 비추사 은혜 베푸시기를 원하며 여
호와는 그 얼굴을 네게로 향하여 드사 평강 주시기를 원하
노라 할지니라 하라민 6:24-26.

이 말씀에 근거하여 가장인 아버지는 가족들 한 사람 한
사람에게 사랑과 애정을 담아 축복하여 기도한다. 이러한 연
장선에서 더 큰 가정이라고 할 수 있는 교회를 이해해야 한다.

하나님은 아버지를 가정의 머리로 가정에 세우셔서 축복의 통로로 사용하신다. 아버지들이 정체성을 잃어버린 이 시대에, 우리는 막중한 사명이 있음을 기억해야 한다. 또한, 어머니는 가정의 울타리가 되어 남편과 자녀들을 위해 헌신하며 희생한다. 두 사람이 동역하여 가정을 세워간다. 남편이 머리라고 할 때, 동양적, 한국적인 가부장 느낌의 머리 됨을 말하는 것이 아니다. 이 머리는 섬김의 자리이며 아버지가 믿음이 없거나 약하다면 어머니가 그 역할을 하기도 한다. 그러나 하나님께서 아버지와 어머니에게 주신 가정에서의 고유한 역할과 사명을 감당하는 것이 가장 이상적이다.

앞에서 촛불을 켜는 어머니의 모습을 보았다면, 여기서는 축복권을 갖고 기도하는 아버지를 만날 수 있다. 촛불을 켜며 가족을 위해 기도하는 어머니와 축복 기도하는 아버지의 모습에서 자녀들은 하나님을 만난다. 이 과정을 통해 자녀들은 하나님께 부여받은 부모의 권위와 역할을 자연스럽게 배우게 된다. 계속되는 다음 과정에서도 그러한 것을 자세히 살펴볼 수 있다. 예루살렘 초대교회 유대인들의 가정예배에서 모든 절차와 과정은 자녀와 다음 세대에 대한 교육에 초점이 맞추어져 있다.

● 아버지가 딸을 축복하며 기도하는 모습(좋은가족교회)

1세기 교회, 가정예배

권창규 목사 / 좋은가족교회
자녀의 신앙과 인성과 모든 부분의 책임은 부모에게 있다.
하나님의 말씀을 가르치고 신앙을 전수해주고

박정은 (40) / 울뻔동산수원교회
생각보다 아이들과 예배를 드리고 하는 것이
시도만 해보면, 3~4개월만 해보면

"3~4개월만 시도해보면 아이들이 누구보다
부모의 말을 경청하고 있다는 것을 알게 됩니다."

〈다음세대 신앙 살리는 가정예배〉라는 타이틀로
GOODTV에서 특집으로 다루었다(토브미션가정 출연).

(3) 함께 찬양

평화를 기원하는 찬양을 부른다. 그들이 부르는 찬양은 다음과 같다.

만왕의 왕으로부터, 하나님을 섬기는 천사들, 만유의 통치자의 천사들, 가장 거룩하신 분, 복받으실 분, 평화의 인사를 드립니다.

만왕의 왕으로부터, 평화의 천사들, 만유의 통치자의 천사들, 가장 거룩하신 분, 복받으실 분, 평화여 들어오소서.

만왕의 왕으로부터, 평화의 천사들, 만유의 통치자의 천사들, 가장 거룩하신 분, 복받으실 분, 나에게 평안을 주소서.

만왕의 왕으로부터, 평화의 천사들, 만유의 통치자의 천사들, 가장 거룩하신 분, 복받으실 분, 평안히 가소서.

온 가족이 찬양하며 하나님 앞에 나아간다. 적절한 찬송이나 찬양을 선곡해 함께 부른다.

(4) 어머니(아내)를 위한 축복송

아내이자 어머니를 위한 축복의 노래를 부른다. 남편뿐 아니라 아들, 딸들이 함께 잠언 31장 10~31절에 근거하여 유능한 여인의 모습을 노래하며 어머니에게 감사를 표현한다.

포옹과 입맞춤으로 감사와 사랑을 표현한다. 이때 아내이자 어머니는 가장 행복하다고 한다. 온 가족이 다 모여 있고 자신이 만든 음식을 함께 먹으며, 자신을 향해 축복의 노래를 부르며 존경과 사랑의 노래를 듣는 것은 최고로 행복한 순간일 것이다. 사랑하는 남편과 자녀로부터 진심 어린 칭송을 받으니 어찌 아니 기쁘겠는가!

이 시간은 감사, 존경, 섬김의 시간이 된다. 매주 감사를 표현하고 노래하며 포옹하는 시간은 관계를 더욱 돈독하게 만들고 사랑의 관계를 깊게 한다.

(5) 애찬1-포도주[26]

포도주를 마시는 이 시간은 몸을 성결하게 하는 예식이기도 하다. 포도주는 피를 상징하고 모든 죄에서 정결함을 받는다는 의미가 있다. 이것은 예수님의 보혈을 상징적으로 보여준다.

이해를 돕기 위해 유월절을 기억하자. 유월절 어린양으

---

26. "예수께서 이르시되 내가 진실로 진실로 너희에게 이르노니 인자의 살을 먹지 아니하고 인자의 피를 마시지 아니하면 너희 속에 생명이 없느니라 내 살을 먹고 내 피를 마시는 자는 영생을 가졌고 마지막 날에 내가 그를 다시 살리리니 내 살은 참된 양식이요 내 피는 참된 음료로다 내 살을 먹고 내 피를 마시는 자는 내 안에 거하고 나도 그의 안에 거하나니"(요 6:53-56).

가정예배에 사용되는 포도주와 잔

가정예배에 사용되는 성물들

1세기 교회, 가정예배

로 오신 분이 예수님이다. 유월절 어린양의 피는 예수님의 십자가의 죽음을 예표한다. 예수님은 자신의 죽음을 예감하시고 마지막 만찬에서 말씀하셨다. 예수님은 제자들과 그 만찬을 함께하셨다. 그리고 포도주잔을 들고 "이 잔은 내 피로 세운 새 언약이니 이것을 행하여 마실 때마다 나를 기념하라"라고 하셨다.[27] 이와 관련해서는 교단마다 조금씩 다른 입장을 취하므로 교단의 가르침을 존중하여 따르면 좋을 것이다.

(6) 정결예식

세수식(洗手式)을 한다. 일주일 동안의 죄를 회개하며 손을 씻는다. 단순히 손을 씻는 것으로 끝나는 것이 아니라 죄로 말미암아 더러워진 마음과 영혼을 씻는 회개기도 시간이기도 하다. 이때 회개의 영이 부어진다. 그리스도인은 매주 회개함으로 정결하게 나아가야 한다. 즉, 영적으로는 발을 씻는 작업이다. 가족끼리도 죄를 범할 수 있는데, 이때 서로 용서를 구

---

27. "내가 너희에게 전한 것은 주께 받은 것이니 곧 주 예수께서 잡히시던 밤에 떡을 가지사 축사하시고 떼어 이르시되 이것은 너희를 위하는 내 몸이니 이것을 행하여 나를 기념하라 하시고 식후에 또한 그와 같이 잔을 가지시고 이르시되 이 잔은 내 피로 세운 새 언약이니 이것을 행하여 마실 때마다 나를 기념하라 하셨으니 너희가 이 떡을 먹으며 이 잔을 마실 때마다 주의 죽으심을 그가 오실 때까지 전하는 것이니라"(고전 11:23-26).

● 한 주간의 죄를 회개하며 손을 씻는 어린이

하고 회개하며 용서하는 시간을 갖는다.

(7) 애찬2-빵

아버지는 빵을 잘라 가족들에게 나눠 준다. 이때 빵은 2개를 준비한다. 이스라엘이 광야를 지날 때 안식일에 이틀 치 양식을 주신 것을 상징한다.

현대 이스라엘에서는 빵을 주식으로 먹지 않지만, 상징적 의미로 빵을 2개 준비한다. 광야를 지내는 40년 동안 그들을 먹이고 입히셨던 것을 상기한다. 오래전 사건이지만 여전히 가정예배에서 재현되고 자녀들은 이를 배운다. 빵을 씹어 맛을 느끼면서 하나님의 인도하심과 사랑도 함께 느낀다. 가정예배는 이처럼 그들의 역사를 전수하는 기능도 담고 있다. 예수님은 저녁 식사시간에 빵을 가지고 이것은 내 살이라고 하시면서, 십자가에서 채찍에 맞으시고 고초를 당하시며 죽으실 것과 세상을 위한 빵이 되실 것을 말씀하셨다.[28]

(8) 저녁 만찬

저녁 만찬은 어머니가 정성껏 차린 음식으로 가득하다. 이 음식을 며칠 전부터 준비한다. 어머니가 준비한 음식을 먹고 마시는 시간을 통해 가족이 하나가 된다. 어머니는 온 가족이 자신이 차린 음식을 먹으며, 즐거운 시간을 갖는 것을 큰 기쁨으로 여긴다. 얼마나 행복하겠는가!

가족이 함께 맛있는 음식을 먹으며 다양한 대화도 한다. 이를 위해 일주일 동안 음식을 준비하는 것이 어머니에게는 매우 중요한 일과 중 하나였다. 말씀 잔치가 벌어지기 전에 배

---

28. "진실로 진실로 너희에게 이르노니 믿는 자는 영생을 가졌나니 내가 곧 생명의 떡이니라 너희 조상들은 광야에서 만나를 먹었어도 죽었거니와 이는 하늘에서 내려오는 떡이니 사람으로 하여금 먹고 죽지 아니하게 하는 것이니라 나는 하늘에서 내려온 살아 있는 떡이니 사람이 이 떡을 먹으면 영생하리라 내가 줄 떡은 곧 세상의 생명을 위한 내 살이니라 하시니라"(요 6:47-51).

를 불리고 마음을 열고 행복한 시간을 갖는다. 이를 위해 이스라엘에는 가난한 가정이라도 명절 음식을 준비하기에 어려움이 없도록 나누는 곳이 있다. 그리고 시장 등에서는 어려운 이들을 돕기 위해 자발적 나눔을 매주 실천한다. 명절날에 한 가정도 음식이 부족해선 안 되기 때문이다.

예루살렘 초대교회 가정예배를 연구하기 전에는 식사 시간을 중요하게 여기지 않았다. 그저 생존을 연장하기 위한 시간일 뿐이었다. 하지만 초대교회 성도들의 저녁 시간은 달랐다. 단지 밥을 먹기 위한 시간이 아니라, 말씀을 나누고 가르치기 위한 시간이었다. 예수님도 식사하시며 제자들을 가르치셨다. 단순한 만찬이 아니었다. 초대교회 유대인 성도들과 드렸던 유월절 가정예배 순서에도 포함되어 있다. 성경 사건들은 단순한 사실 기록 목적이 아니라, 그 시대의 문화와 철학 그리고 세계관 위에 기록되었기에 당시의 원뜻을 아는 것이 필요하다.

(9) 말씀 공부: 다라쉬와 쇼파트(하브루타)

음식을 어느 정도 먹으면 자연스럽게 말씀을 나누고 토론하는 시간으로 이어진다. 다라쉬(말씀 공부) 및 쇼파트(토론, 하브루타)는 가정예배의 꽃이다. 이 순서는 신명기 6장 4-9절과 에스라 7장 10절에 근거한다.[29] 아론의 147대손이자 기독교

신학의 거장인 게리 코헨 박사와 폴강 박사는 신명기 6장 4-9
절 말씀을 히브리적 관점에서 주석했는데, 이를 참조하여 정
리해보면 다음과 같다.[30]

① 신명기 6장 4절은 유대 민족의 신앙고백으로, 히브리
민족이 가장 중요하게 여기는 말씀이다. "쉐마 이스라엘"
로 시작하며 아침저녁으로 매일 읊조린다. 누워서도 서서
도 하야를 한다. 4절은 선언(유일하신 하나님), 5절은 방법(여
호와 하나님을 사랑하는 3가지 방법: 마음과 뜻과 힘)을 말한다.

② 6절, "마음에 새긴다"에서 '새긴다'의 원문은 '하야'hāyâ
이다. '새긴다'라고 번역하면 원뜻을 충분히 담기 어려운
데, "존재 가득 채워 흘러넘치게 한다"라는 의미이기 때

---

29. "이스라엘아 들으라 우리 하나님 여호와는 오직 유일한 여호와이시니 [5]너는
마음을 다하고 뜻을 다하고 힘을 다하여 네 하나님 여호와를 사랑하라 [6]오늘
내가 네게 명하는 이 말씀을 너는 마음에 새기고 [7]네 자녀에게 부지런히 가르
치며 집에 앉았을 때든지 길을 갈 때든지 누워 있을 때든지 일어날 때든지 이
말씀을 강론할 것이며 [8]너는 또 그것을 네 손목에 매어 기호를 삼으며 네 미간
에 붙여 표로 삼고 [9]또 네 집 문설주와 바깥 문에 기록할지니라"(신 6:4-9).

"에스라가 여호와의 율법을 연구[다라쉬]하여 준행하며 율례와 규례를 이스
라엘에게 가르치기로 결심하였었더라"(스 7:10).

30. 코헨신학대학원 신학박사 과정 신명기 원전 강의에서 가져왔다.

문이다. 돌에 새기는 것을 넘어, 돌 자체가 되라는 말씀이다. 성경에는 암송이란 단어가 없다. 암송이 아니라 말씀이 존재가 되게 하는 것이 목표이기 때문이다. 우리 문화에서 기독교는 세속적이거나 이교적인 불교, 유교, 샤머니즘 등이 혼합되어 있으며, 하나님은 이것을 매우 싫어하신다. "이 말씀들이 너의 존재가 되게 하라." 이것이 곧 하나님을 사랑하는 것이다.

③ 7절은 가르치며 강론하라고 명하고 있다. 부모와 자녀가 가르치고 강론하라는 것이다. 이스라엘의 쇼파트, 하브루타는 이 구절에서 시작되었다. 서로 가르치라는 뜻이다. 나도 가르치고 너도 가르치라는 것이다. 방법으로는 소통과 설득을 사용한다. 이러한 하브루타의 본질은 관계성과 공동체를 염두에 두고 있다. 하야와 하브루타를 통해 말씀이 체화되어 존재 자체가 되게 하는 것이다. 이러한 하브루타의 대표적 사례는 예수님이 산상에서 가르치신 마태복음 5-7장이다. 신약 하브루타는 여기에서 출발한다.

④ 8-9절에서는 손목(행동의 표준), 미간(사고의 표준), 내 집 문설주와 바깥문(말씀 전수)에 기록할 것을 명하고 있다.

답변하는 딸

질문하는 아버지

• 가정예배 때 한 주간 연구한 본문 말씀으로 토론하는 장면

• 〈토브 가정예배 세미나〉 강의를 듣고
가정예배를 실천하고 있는 일본 신주쿠 샬롬교회 신고 담임목사 가정

• 가정예배를 실천하고 있는 좋은가족교회 은주명 성도 가족

● 가정예배 때 사용하는 묵상지와 하브루타 교재

이처럼 하나님은 그 방법을 구체적으로 명시하여 당신을 온전히 사랑하도록 하신다. 즉, 부모가 자녀들에게 말씀을 가르치고 함께 토론하는 것이다. 이때 인도자는 아버지가 된다. 아버지가 아이들에게 성경 말씀을 가르치고 함께 토론한다. 이는 말씀을 가르쳐야 할 1차적 책임이 아버지에게 있음을 보여준다. 유대인은 매일 읽고 묵상할 성경 본문을 동일하게 정했다. 전 세계 어디 있어도 같은 본문을 묵상하고 연구한다. 그 힘이야말로 과히 대단하다.

필자가 유대인 가정을 방문했을 때 그들이 했던 말씀 공부와 토론 시간이 잊히지 않는다. 아버지가 질문하자 3~4명의 자녀가 앞다투어 손을 들고 열정적으로 반응했다. 가정에서 시작한 토론은 학교와 교회로 이어진다.

필자는 예루살렘 초대교회 성도들의 성경 연구법을 공부하며 "성경 연구의 17단계"를 개발하여 보급하고 있다. 아버지와 어머니 그리고 자녀들이 함께 말씀을 연구하고 토론하며, 자신의 깨달음을 서로 가르치는 모습은 참으로 아름다운 광경이다.

(10) 후식 및 대화

맛있는 후식을 먹으며 대화한다. 오늘날 후식 문화 발달에는 유대인이 지대한 영향을 끼쳤다고 한다.[31] 이들이 안식일 가정예배나 성경 공부 토론 때 후식을 먹으며 대화를 하다 보니 더 맛있고 다양한 후식을 개발하게 되었고, 이것이 후식 문화에 이바지했다. 대화가 길어지면 아주 늦은 시간까지 이어진다. 성경 말씀뿐 아니라 삶의 지혜, 일상 이야기로 즐거운 시간이 이어진다. 이처럼 깊고 긴 대화는 그들에게 자연스럽고 당연한 문화로 자리하고 있다.

---

31. 던킨 등 다양한 후식 문화를 발달시키는 역할을 했다.

(11) 찬송 부르기

가족이 찬송을 함께 부른다.

(12) 제데까 (헌금)

이웃과 나누기 위한 헌금을 드린다. 이 시간을 통해 하나님께 헌금 드리는 것뿐 아니라, 이웃을 향한 나눔의 마음을 갖게 한다. 헌금이 모이면 구제단체에 방문하여 전달한다.

(13) 기도와 마무리

마지막으로 기도하며 마무리한다. 가족이 서로 기도제목을 나누고 기도하기, 교회 식구와 그 외 기도가 필요한 이들을 위한 기도, 교회와 나라, 선교를 위한 기도 등을 할 수 있다.

가정예배의 유익

필자 가정에서는 예루살렘 초대교회의 가정예배 순서를 따라 예배를 드리고 있다. 이렇게 예배를 드리면서 예전과는 다른 유익한 것이 많았다. 이를 정리해보면 다음과 같다.

1. 매주 가정에서 십자가와 부활을 되새긴다

매주 십자가와 부활의 의미를 되새기면서 부모뿐 아니라 자녀들도 자신의 믿음을 견고하게 하는 데 도움을 받았다. 예루살렘 초대교회를 모델로 한 가정예배는 예수님을 기념하고 기억하도록 해주는 역할을 했다. 이를 통해 가족 간에 깊은 유대와 하나 됨을 가질 수 있었다.

2. 주일 예배를 준비할 수 있다

주일을 준비하는 데 큰 도움을 받았다. 청소와 목욕, 헌금 등을 통해 마음과 몸을 준비하여 하나님 앞에 나아가게 되었다. 주일 아침에 특별한 준비를 하지 않아도 예비일의 의미를 깨닫게 되고, 또 사전 준비를 하게 되어 주일 오전 교회 예배가 더 풍성해졌다.

3. 아버지의 말씀 권위와 축복권이 회복된다

아버지가 말씀의 권위를 갖고 가르치며 축복권을 행사할 수 있었다. 매주 아내와 자녀들을 위해 안수하여 기도하다 보니 아내와 자녀에게 더 큰 관심을 갖고 섬길 수 있었다. 기도가 더 간절해지고 아이들의 미래를 깊이 생각하게 되었다.

4. 어머니의 정성 어린 식사로 행복을 누린다

어머니의 따뜻한 음식을 통해 가족을 먹이는 하나님을 경험하게 되었다. 음식을 먹기 전 2개의 빵과 포도 주스는 주님의 십자가를 기억하게 했다. 이를 통해 먹고 마시는 삶의 목적이 무엇이어야 하는지 발견했고, 또 매주 특별한 메뉴로 음식을 먹고 대화함으로 유대감과 관계의 깊이를 더할 수 있었다.

5. 말씀 전수의 장이 된다

말씀 토론 시간은 가정예배의 꽃이라 할 수 있을 만큼 매우 중요하다. 성경 공부를 하며 자녀들의 마음을 알게 되었고, 토론하는 시간 동안 말씀과 더불어 서로에 대해 깊이 알게 되었다. 특히 토론 과정에서는 성령의 강력한 역사와 뜨거움을 느낄 때가 많았다. 그리고 자녀들의 고민, 영적 성장의 수준, 도와야 할 부분을 파악할 수 있었으며, 아버지가 보지 못한 많은 말씀의 보화들을 자녀들의 나눔과 토론을 통해 배웠다. 자녀와의 쇄파트 시간은 아버지가 자녀에게 일방적으로 가르치는 시간이 아니라 말씀으로 서로 가르치는 하브루타를 경험하게 한다. 자녀들이 성장하면서 말씀을 연구하고 토론하며 실천하는 인생 파트너가 되고 동역자가 된다. 매번 가정예배에서 자녀들과의 토론을 통해 하나님의 뜻을 듣는다. 설교자로 말씀을 가르치는 부분에서 본문에 대한 새로운 이해와 아이디어를 얻기도 한다.

6. 부모와 자녀 간 소통과 이해가 더 많아진다

토론 시 질문을 중심으로 이루어지는데, 이를 통해 아이들의 마음 상태를 알게 된다. 아이들 마음에 죄가 틈탔는지, 잘못된 삶의 태도는 없는지, 은혜와 변화를 감지할 수 있었다.

어떻게 자녀를 돕고 섬겨야 할지도 알게 되었다. 격려와 칭찬, 은혜가 배가 되기도 하고 하나님의 말씀과 가르침으로 적절히 조언하고 교정해줄 수 있었다.

필자의 큰딸은 대학원 2학년, 둘째 딸은 대학교 2학년, 막내는 중학교 3학년인데 삶의 문제를 함께 나누기도 하고 토론하기도 한다. 큰딸의 경우 대학원 생활, 이성 교제 부분과 진로와 결혼 고민 등 많은 부분이 가정예배에서 끝나지 않고 일상의 깊은 대화로 이어지고는 한다. 인생의 선배이자 친구로 자리매김해가고 있어 행복하다. 아이들이 사춘기를 지나면 가족, 특히 자녀와의 대화 부족이 심각해진다. 소통 부재로 가정과 사회에서 많은 문제가 발생하는데, 이를 극복하는 좋은 방법이 되었다.

7. 가족 간 친밀한 관계가 형성된다

예루살렘 초대교회 가정예배는 가족과의 관계를 견고하게 하고 발전시키는 데 큰 역할을 했다. 가정예배 도구들은 아이의 오감을 자극하며 즐겁게 그날을 기다리게 했으며, 그로 인해 가족이 함께하며 행복감을 누릴 수 있었다.

8. 신앙 전수가 이루어진다

가정예배 자체가 아이들에게 신앙을 전승하는 것에 초점이 맞추어져 있어 무의식적으로나 의식적으로 자연스럽게 자녀들에게 전달되었다. 부모가 부담감을 내려놓고 순서에 따라 성실히 하다 보면 자연스럽게 자녀들에게 전달된다.

9. 매주 은혜로운 수련회를 여는 경험이다

매주 자녀들과 수련회를 하는 기분이다. 어릴 때는 평일에도 함께할 시간이 많았다. 홈스쿨링을 했기에 더 그러했다. 그러나 아이들이 성장해 중고생이 되면 서로 바쁜 일상으로 시간 내기가 어렵다. 가정예배는 매주 짧게는 2시간에서 4시간 정도로 진행되었으며, 깊은 말씀 토론과 예배로 채워졌다. 자녀들은 매일 동일한 말씀으로 하루 1~2시간 묵상, 통독, 하야를 함께 하며 밴드 등 SNS로 공유했고, 이것은 가정예배를 더 풍성하게 했다. 놀라운 사실은 아이들이 이 시간을 매우 좋아하고 일주일 내내 기다린다는 점이다.

10. 다음 세대를 잃어버리지 않는다

이스라엘에서는 금요일 저녁에 안식일 시작을 알리며 가정에서 가정예배를 드린다. 즉, 금요일 저녁 1부 예배로 가정에서 가정예배로 드리고, 토요일 오전에 회당에서 공동체 예배를 드렸다. 기독교인은 주일이 시작되는 토요일 저녁 해가 진 때부터 가정예배를 드리면 된다. 우리 가정도 그 시간에 가정예배를 드린다. 예루살렘 초대교회 가정예배를 참조하여 우리 가정에 맞게 수정해 가정예배를 드리고 있다. 가정예배의 모든 요소가 성막처럼 예수님을 예표함에도 현재 예수님을 믿지 않는 유대인들이 그것을 모르는 것은 참으로 안타까운 일이다.

유대인 크리스천이 이러한 가정예배 전통을 이어갈 뿐 아니라, 기독교적인 관점에서 가정과 교회에서 이를 발전시켜 가는 모습을 본다. 예수님의 십자가와 부활 사건 이전에도 믿음의 선진들과 제자들, 예수님은 안식일을 지켰고 안식일에 가정예배를 드렸다. 유대인 크리스천이 그러한 전통을 지속해 나가는 한편, 이방 기독교는 언제부턴가 가정예배를 잃어버린 채 살아가고 있다. 우리가 놓치고 있는 기독교의 귀한 유산 중 하나가 바로 가정에서 드리는 가정예배이다. 이 가정예배를 통해 유대인들은 2500년을 나라 없이도 가정 중심으로 신앙을 유지해왔다. 그러나 한국기독교는 130년 만에 기독교 가정이 무너지고 교회가 다음 세대의 신앙 계승을 장담할 수 없는 상황에 직면해 있다. 지난날의 화려한 영광은 사라져가고 있다.

예수님 이후 예루살렘 유대인 초대교회는 지금까지 건

재하며 부흥하고 있다. 2천 년이 지났으나 자녀의 배교율은 0.1%도 되지 않는다. 그 중심에 가정예배가 자리하고 있다. 단순히 순서를 따라 하는 것으로는 그 진가가 발휘되지 않는다. 앞서 본 것처럼 사전에 다양한 전제와 준비가 필요하다. 임신했을 때부터, 어릴 때부터 몸에 밴 말씀과 영적 훈련은 자연스럽게 가정예배에 녹아 있다. 이 일을 위해 각 요소를 준비할 필요가 있다.

11. 교회 가정들이 튼튼해진다

가정예배는 교회 각 가정이 또 하나의 교회로서 기능을 담당하고 있다. 우리 교회의 대부분 가정은 토요일이 되면 가정예배를 드린다. 교회에는 토요일 오후나 저녁 모임이 없다. 가정에서 아버지와 어머니가 인도하는 가정예배와 가족과의 저녁으로 즐거운 시간을 보내기 때문이다. 일주일 중 우리 가족에게 가장 즐겁고 행복한 시간은 토요일 저녁 가정예배 시간이다. 특별한 매뉴얼은 주지 않는다. 틀을 만들면 틀에 매이게 된다. 지금은 문화로 정착되어 모든 가정이 가정예배를 드리고 있다.

12. 부모와 자녀가 함께 성장한다

부모가 말씀을 가르치는 역량이 향상되고, 자녀 교육에 대한 책임감이 더욱 커졌다.

13. 교회를 개척하고 선교 사명을 감당하는 강력한 가정이 된다

교회는 각 가정이 가정예배를 드릴 수 있도록 돕는 역할을 해야 한다. 예루살렘 초대교회 내에서 가정은, 지금 한국 교회의 가정과는 달리 무척 강력한 역할을 감당했다. 바울 선교팀에 디모데를 세운 이들은 어머니와 할머니였다.

에필로그

다음 세대를 잃어버리지 않고 2천 년 동안 건재해온 유대인 기독교 가정과 교회의 모습이 가정예배를 포함한 예루살렘 초대교회 교육 원리와 방법에 담겨 있음을 발견할 수 있었다. 1세기 교회 가정예배 모습과 실제를 살펴봄으로써 이것이 가능했다. 현대 기독교가 지난 2천 년 동안 잃어버렸거나 약화된 가정의 가치를 발견하고 가정예배를 통해 신앙 전수를 다시 시작한다면 다음 세대로 이어지는 데 꼭 필요한 부분을 해결할 수 있을 것이다. 이 책을 통해 가정과 다음 세대를 잃지 않는 한국 교회와 열방의 교회들이 되길 기도한다

1세기 예루살렘 초대교회 교육에서 가정예배가 전부는 아니다. 그러나 앞에서 살핀 것처럼 중요한 위치를 차지하는 건 분명하다. 가정과 교회, 교단 차원에서 연구와 토론 검증이 필요한 부분이 있을 것이다. 지면 관계상 교회 내에는 어떻게 적용했는지 그 적용 과정들을 논하지는 않았다. 교회마다 형편과 상황이 다르니 획일화할 수는 없을 것이다. 교회가 단계

별로 어떻게 진행할지 논의를 시작할 수 있으면 좋겠다. 변하지 않는 원리를 붙들고 교육과 훈련에 매진해 나가며 1세기 예루살렘 교회의 가정예배를 추구한다면 놀라운 모습을 보게 될 것이다.

앞으로 가정과 교회, 정치, 모든 영역에서 하나님 나라를 세워가는 다니엘, 느헤미야, 에스라, 바울, 디모데 같은 인물들이 허다하게 일어날 것이다. 주의 재림을 준비하는 다음 세대를 기대하면서, 신명기 6장 말씀으로 마무리하려 한다.

이스라엘아 들으라 우리 하나님 여호와는 오직 유일한 여호와이시니 너는 마음을 다하고 뜻을 다하고 힘을 다하여 네 하나님 여호와를 사랑하라 오늘 내가 네게 명하는 이 말씀을 너는 마음에 새기고 네 자녀에게 부지런히 가르치며 집에 앉았을 때든지 길을 갈 때든지 누워 있을 때든지 일어날 때든지 이 말씀을 강론할 것이며 너는 또 그것을 네 손

목에 매어 기호를 삼으며 네 미간에 붙여 표로 삼고 또 네

집 문설주와 바깥 문에 기록할지니라신 6:4-9.

참고문헌

강신권·김형종·정관창, 《유대인의 천재교육 프로젝트》, 플레이온콘텐츠, 2007.

권창규, 《자식농사 주안에서 내 맘대로 된다》, 올리브, 2014.

권창규 외 17명, 《한국에서 홈스쿨하기》, 꿈을이루는사람들(DCTY), 2011.

김재수, 《613 미츠밧》, Good Hope, 2010.

레이 볼만, 《홈스쿨링》, 배응준 옮김, 홈앤에듀, 2021.

렙 브래들리, 《성공적인 자녀양육 지침서》, 임종원 옮김, 한국기독교홈스쿨협회, 2008.

로렌 위너, 《머드하우스 안식》, 양혜원 옮김, 복있는사람, 2011.

로버트 D. 하이들러, 《메시아닉 교회》, 진현우 옮김, WLI Korea, 2008.

베른하르트 부엡, 《엄한 교육 우리 아이를 살린다》, 서경홍 옮김, 예담, 2007.

변순복, 《바르게 사는 방법을 가르치는 유태인 교육법》, 대서, 2008.

브레들리 볼러, 《하나님이 디자인하신 비전의 아이로 키우기》, NCD 편집부 옮김, 도서출판 NCD, 2003.

알프레드 J. 콜레치, 《유대인들은 왜?》, 김종식 외 1명 옮김, 크리스챤뮤지엄, 2010.

에릭 월러스, 《가정과 교회가 하나 되는 꿈》, 김영실 옮김, 미션월드라이브러리, 2003.

이영희, 《공부 습관, 3세부터 확실히 잡아라》, 몽당연필, 2009.

이영희, 《말씀 우선 자녀교육》, 규장, 2009.

조셉 텔루슈킨, 《죽기 전에 한 번은 유대인을 만나라》, 김무경 옮김, 북스넛, 2012.

최창모, 《유월절 기도문》, 보이스사, 2000.

플래처 H. 스위프트, 《고대 이스라엘의 종교교육》, 유재덕 옮김, 소망, 2012.

현용수, 《신앙 명가 이렇게 세워라 1, 2》, 쉐마, 2011.

현용수, 《유대인 아버지의 4차원 영재교육》, 동아일보사, 2015.

현용수, 《현용수의 인성교육 노하우 1, 2, 3, 4》, 동아일보사, 2015.

현용수, 《IQ는 아버지 EQ는 어머니 몫이다 1, 2, 3》, 쉐마, 2009.

힐 마골린, 《공부하는 유대인》, 권춘오 옮김, 일상이상, 2013.

Mike Dowgiewicz, and Sue Dowgiewicz, *Restoring the early church*, GA; Aslan Group Pub., 1996.

Robert D. Heidler, *The Passover Haggadah*, Palphot Ltd, 2011.